Gunna Wendt

Gräfin Sonja Bernadotte

Gunna Wendt

Gräfin Sonja Bernadotte

Ein Porträt

Droste Verlag

But we never leave the past behind
We just accumulate

Joe Jackson, Big World

Meiner lieben ehemaligen
Nachbarin
Fr. Beate Baum-Marek
als kleinen Gruß
Ihre Edith Vollmer

Bibliografische Informationen Der Deutschen Bibliothek
Die Deutsche Bibliothek verzeichnet diese Publikation in der Deutschen Nationalbibliografie; detaillierte bibliografische Daten sind im Internet über http://dnb.ddb.de abrufbar.

Schutzumschlag: Manfred Hansen unter Verwendung von Fotomotiven des Archivs Mainau GmbH
Lektorat: Brigitte Hamerski
Satz: Droste Verlag
Druck und Bindung: Clausen & Bosse, Leck
ISBN 3-7700-1163-5

www.drosteverlag.de

Inhalt

Gräfin Sonja Bernadotte

Prolog

Immer in Bewegung, ihrer Zeit weit voraus und trotzdem die Tradition achtend, lebt und arbeitet Gräfin Sonja Bernadotte seit über vierzig Jahren für die Mainau. Vor kurzem hat sie ihren 60. Geburtstag gefeiert. Ein Anlass zu einem Rückblick: Was hat sich verändert in ihrer Arbeit?

„Die Mittel haben sich verfeinert. Als ich jünger war, konnte ich sehr stur sein, fast mit dem Kopf durch die Wand, verbunden mit einer extremen Ungeduld. Es musste sofort passieren. Wenn es nicht sofort funktioniert hat, dann waren mir alle lästig, die mich daran gehindert haben. Sie haben das auch zu spüren bekommen. Das hat sich im Laufe der Zeit allerdings abgemildert. Heute weiß ich, dass es wichtig ist, mit den anderen zu reden, wenn man möchte, dass sie mitmachen. Man muss sie auch wirklich mitnehmen."

Sie vertraut auf ihre Kraft, Dinge durchzusetzen, wenn sie ihr richtig und wichtig erscheinen. Ihre Toleranz ist erheblich größer geworden. Sie will sich nicht „verkämpfen", kann eher mal loslassen. Aber ein wirklich wichtiges Ziel lässt sie trotzdem nicht aus den Augen, sucht heute nur viel stärker nach gangbaren Alternativen. Wenn der eine Weg nicht möglich ist, funktioniert vielleicht der andere. Sie ist diesbezüglich deutlich phantasievoller geworden und berücksichtigt stärker ihren eigenen Kräftehaushalt.

Sie weiß, dass die meisten Vorhaben nicht allein zu realisieren sind. Man braucht ein gutes Team, das bereit ist, mitzugehen. Das A und O besteht für sie darin, Menschen von einer Sache zu begeistern und sie dann bei der Stange zu halten, Schritt für Schritt mitzunehmen und auch selbst aktiv werden zu lassen.

„Zunächst ist da die Vision, dann beginnt die Umsetzung, und der Weg kann sehr lang sein. Manchmal haben Mitarbeiter mittendrin Ideen, das kann mich regelrecht begeistern. Dann bin ich glücklich darüber, dass es sogar noch rechts und links vom ursprünglichen Weg anfängt zu leben.

In einer Führungsposition mit Verantwortung für Menschen, die für einen und mit einem arbeiten, hat man eine ganz große Verpflichtung. Sie besteht darin, den Mitarbeitern Vertrauen entgegenzubringen. Ich habe das selbst erfahren, als ich noch sehr jung war: Wer immer zweihundertprozentiges Vertrauen in mich gesetzt hat, war Graf Lennart. Er hat gesagt: ‚Und du kannst das. Du bist spitze und du schaffst das. Du schaffst es, Englisch zu lernen, du schaffst es, Französisch zu lernen. Du wirst die Präsidentin der Deutschen Gartenbau-Gesellschaft, wenn sie dich wählen. Du wirst es gut machen, und die Nobelpreisträgertagung in Lindau wirst du auch gut machen. Du kannst das.‘

Ja, was macht man dann? Man freut sich riesig und sagt, ja, er wird schon Recht haben. Jetzt schau ich mal, wie weit ich komme.

Ich hab alles getan, damit das Vertrauen, das mein Mann in mich gesetzt hat, nicht enttäuscht wird. Ja, und das Resultat ist nicht ganz so schlecht.“

Kindheit am Bodensee

Spätsommer 1946. Ein kleines allein stehendes Haus am Ufer des oberen westlichen Bodensees. Anita Haunz, eine junge Frau, sucht ihre zweieinhalbjährige Tochter. Wo kann Sonja nur sein? Zuletzt hat sie sie im Garten gesehen. Da saß sie mitten auf der Wiese und war wie so oft ganz vertieft in ihre Umgebung. Sie schaute sich die Blumen und Pflanzen genau an und ließ sich bei ihren spannenden Entdeckungen ungern stören. Das tat sie häufig stundenlang.

Aber jetzt sitzt sie nicht mehr auf der Wiese. Frau Haunz geht zum wiederholten Male um das Haus herum und ruft nach ihrer Tochter. Wieder keine Antwort. Ihr älterer Sohn Manfred ist nicht zu Hause, nur ihre Schwiegermutter, und die ist schon ganz aufgeregt und daher keine große Unterstützung. Sie hat sich bereits ein komplettes Schreckensszenario ausgemalt, in dem der angrenzende See eine verhängnisvolle Rolle spielt. Aber Anita kennt ihre Tochter und glaubt nicht an ein Unglück. Außerdem stehen ja ihre Schuhe noch im Flur, also muss sie eigentlich ganz in der Nähe sein. Wenn sie nur wüsste, wie lange Sonja schon fort ist. Schließlich funktioniert ihre Selbstberuhigung nicht mehr. Sie will nicht länger untätig sein, und das Warten hasst sie sowieso. Also beschließt sie, sich auf die Suche zu machen und die Nachbarn zu fragen, ob sie irgendetwas bemerkt haben. Deren Haus liegt allerdings einige hundert Meter weit entfernt. Als Frau Haunz vor die Tür tritt, glaubt sie ihren Augen nicht zu trauen: Ein Soldat in Wehrmachtsuniform kommt auf das Haus

Sonja Haunz mit ihrer Mutter auf der Blumenwiese

zu, auf seinem Arm Sonja. Als sie ihre Mutter erblickt, ruft sie laut: „Mutti, Mutti, schau, ich hab den Vati mitgebracht." Der Soldat ist verlegen, die Mutter noch mehr. Doch die Freude darüber, dass sie ihre Tochter wieder hat, ist größer als das Gefühl der Peinlichkeit. Sie bedankt sich bei dem Retter, der ihr erklärt, eine Frau im Dorf habe ihn gebeten, die Kleine nach Hause zu bringen. Erst nach und nach erfährt Anita Haunz, was geschehen ist. Eine Bäuerin aus dem nahe gelegenen Litzelstetten hat das Mädchen durchs Dorf laufen sehen. Die Frau hielt nach Begleitern Ausschau, aber sie war ganz allein unterwegs und überhaupt nicht ängstlich. Mit festem Schritt stapfte sie in Hausschuhen die Dorfstraße entlang und schien zielstrebig etwas anzusteuern. Wo wollte sie denn hin und wo kam sie überhaupt her? War das nicht Sonja Haunz vom Haus am See? Eigentlich konnte das nicht sein, denn von dort bis ins Dorf waren es bestimmt eineinhalb Kilometer. Sie ging auf das Kind zu und fragte: „Sag mal, was machst du denn hier?" Sonja sah sie ernst an und antwortete: „Heißt sie Sonja Haunz, hat sie noch einen Bruder." Die Bäuerin lachte. Also hatte sie Recht gehabt. Doch dieser eine Satz sollte der einzige bleiben, der aus der Ausreißerin heraus zu bekommen war, denn ihre Aufmerksamkeit war auf etwas anderes gerichtet. Sie schaute immer wieder hinüber zu einem Soldaten in Uniform, der die Dorfstraße entlangging. ‚Der kommt mir gerade recht', dachte die Bäuerin und beauftragte ihn, Sonja nach Hause zu bringen: „Sie wohnt mit ihrer Mutter und ihrer Großmutter unten am See Hausnummer 7." „Mein Bruder wohnt auch da", wurde sie von Sonja korrigiert. Und dann machten sich der Soldat und das kleine Mädchen auf den Weg. Sonja war mittlerweile erschöpft und ließ sich gern ein Stück tragen. Sie fühlte sich auf seinem Arm offensichtlich wohl.

Gräfin Sonja Bernadotte weiß heute nicht mehr, ob diese Begegnung zufällig war oder ob sie mit der Absicht von Zuhause weggelaufen war, um mit einem Soldaten zurückzukommen. Denn den suchte doch die Mutter, das war sicher: Ein Foto von einem Mann in Uniform stand an ihrem Bett. Die Uniform gefiel Sonja. Ansonsten hatte sie wenig Interesse an dem Mann, den sie überhaupt nicht kannte. Wütend war sie auf ihn, denn er war es ja, der die Mutter so traurig sein ließ. Ihre Mutter nahm das Bild oft in die Hand, schaute es lange an, und fast immer weinte sie, wenn sie es an seinen Platz zurückstellte. Vielleicht würde das jetzt ein Ende haben. Sonja wollte, dass die Traurigkeit ihrer Mutter endlich aufhörte. Für immer. Sie wollte der Mutter eine Freude machen. Sie wollte endlich eine fröhliche Mama haben.

Anita Haunz hatte guten Grund, betrübt zu sein. Zwar war sie mit ihrem mittlerweile zehnjährigen Sohn Manfred und ihrer zweijährigen Tochter Sonja im Haus der Schwiegermutter untergekommen, aber die Ungewissheit über das Schicksal ihres Mannes Wolfgang nagte an ihr und bereitete ihr kummervolle Nächte. Wann würde er aus der russischen Gefangenschaft entlassen werden? Lebte er überhaupt noch? Manchmal war sie so verzweifelt, dass selbst ihre beiden Kinder, die sie sehr liebte, keinen wirklichen Trost für den so schmerzlich verspürten Verlust ihres Mannes bedeuteten. Dann versuchte sie, sich mit den Erinnerungen an die gemeinsame Zeit in Stuttgart aufzumuntern. Die Bilder des harmonischen, leider nur kurzen Zusammenlebens der kleinen Familie wurden rasch getrübt: Wolfgang wurde zum Kriegsdienst eingezogen, Stuttgart wurde bombardiert, das Haus, in dem sich ihre Wohnung befand, getroffen. Anita sah das Gebäude in Flammen stehen und allmählich in sich zusammenfallen. Sie konnte sich von dem erschreckenden Anblick nicht lösen, war wie gelähmt, schaute zu, wie ihre Wohnung in Schutt und Asche sank. Alles, was sich das junge Ehepaar aufgebaut hatte, ging mit einem Schlag verloren. Ihre Möbel stürzten vom dritten Stock auf die Straße hinunter. Sie würde das Geräusch nie vergessen, mit dem das Klavier auf dem Pflaster aufprallte.

Jetzt gab es für die obdachlose Familie nur eine Zufluchtsstätte: das kleine Haus von Wolfgangs Eltern in Litzelstetten am Bodensee. Dort fingen sie wieder ganz von vorn an, das heißt,

Schon früh auf Zehenspitzen

eigentlich fing nur Anita dort von vorn an, denn ihr Mann musste an die Front.

Sein älterer Bruder hatte es besser getroffen. Er arbeitete bei Dornier und war, weil er als Ingenieur zu Hause gebraucht wurde, vom Kriegsdienst befreit worden. Leider hatte Anita in ihrem Schwager und ihrer Schwägerin keine Unterstützung. Im Gegenteil, die Schwägerin triumphierte und versuchte, ihre Hoffnungen auf die Rückkehr ihres geliebten Mannes zunichte zu machen. Es sei doch höchst unwahrscheinlich, dass er wieder heimkäme, sie solle doch bloß nicht so naiv sein, bekam sie immer wieder zu hören. Und dafür hasste sie die Schwägerin. Anita hat es ihr nicht verziehen, dass sie ihre Notsituation in dieser Weise ausgenutzt hat.

Aber sie war nicht nur den verbalen Bosheiten ihrer Schwägerin ausgesetzt, es kam noch schlimmer: Ihr Schwager beanspruchte als ältester Sohn das Haus seiner Mutter. Neue Probleme gesellten sich zu den alten: Wo sollte Anita mit ihren beiden Kindern hingehen? Wovon sollte sie leben? Einschüchtern ließ sie sich jedoch nicht, sondern trat die Flucht nach vorn an und verkündete der Schwägerin und dem Schwager, dass sie das Haus ruhig übernehmen könnten, sich dann aber auch um die Schwiegermutter zu kümmern hätten. Damit war das Thema von einer Sekunde zur anderen beendet, denn dass das Zusammenleben mit dieser sehr selbstbewussten alten Frau alles andere als einfach war, wusste jeder.

Anita Haunz war Schwierigkeiten und Widrigkeiten gewöhnt. Sie stammte aus einer sehr armen Bergarbeiterfamilie und hatte elf Geschwister, sie war die viertjüngste. Ihre Eltern befanden sich in einem ständigen Existenzkampf und wussten nie so richtig, wie sie ihre zwölf Kinder ernähren sollten. Sie waren mit dem permanenten Wachsen der Familie völlig überfordert. So mussten die Kinder ziemlich früh mithelfen, den Lebensunterhalt zu verdienen. Anita wurde im Sommer auf einen Bauernhof „ausgeliehen“, wo sie zu Haus-, Stall- und Feldarbeit herangezogen wurde. Im Herbst, an Lichtmess, wurde sie wieder heimgeholt, um den Winter zu Hause bei ihrer Familie zu verbringen. Mit dem Lohn für ihre Arbeit trug sie entscheidend mit zum Unterhalt der Familie bei. Den Winter zu Hause konnte sie jedoch gar nicht richtig genießen, sie war so sehr an das Arbeiten gewöhnt, dass sie sich nun ziemlich nutzlos vorkam. Immer wieder plagte sie ein schlechtes Gewissen. Außerdem gingen ihr die Erlebnisse des Sommers durch den Kopf. Es waren keine guten Erinnerungen, sondern solche an erlittene Ungerechtigkeiten, an das mangelnde Verständnis und die Strenge ihrer Brotgeber, vor allem jedoch an ihr Heimweh. Auf den Frühling konnte sie sich nicht so recht freuen, denn sie wusste, dass sie dann wieder auf den Bauernhof gebracht werden würde. Viel lieber wäre sie regelmäßig zur Schule gegangen.

Wenn Gräfin Sonja heute über ihre Mutter spricht, schwingt neben der großen Zuneigung vor allem Bewunderung mit. Sie sei eine sehr feine, intelligente Frau mit einem natürlichen Gespür für Stil, Lebensart und Schönheit im Leben gewesen und habe mit ihrem ästhetischen Empfinden die Familie besonders geprägt. Aber es sei nicht nur das gewesen, was sie die Kinder gelehrt habe, sondern sie vermittelte auch ethische Grundsätze und Verhaltensweisen. Es sei erstaunlich, so Gräfin Sonja, wie ihre Mutter diese Dinge habe entwickeln können, denn weder in der familiären Umgebung der Bergarbeiterfamilie noch bei ihren frühen Arbeitgebern auf dem Bauernhof wurde ihr dies vorgelebt.

Im Gegensatz zur Mutter stammte Sonjas Vater aus ursprünglich sehr wohlhabenden Verhältnissen. Vor allem die Großmutter väterlicherseits, die aus einer Braunschweiger Fabrikantenfamilie kam, transportierte vieles an Lebensart aus dem gehobenen Bürgertum, allerdings auch einiges an Eigenheiten und Extravaganzen weiter. Ihr Vater hatte eine Bürgschaft für einen Freund übernommen und dadurch sein ganzes Vermögen verloren. Eigentlich hatte sie Künstlerin werden wollen, doch das war damals natürlich verpönt. Stattdessen schickte man sie auf die Höhere Töchterschule, wo sie zwar singen und malen, aber auch kochen und nähen lernte. Erst spät entschloss sie sich zur Ehe. Ihren Mann lernte sie durch eine Zeitungsannonce kennen, die von seinem Freund aufgegeben worden war, der gemeint hatte, es sei für ihn nun endlich an der Zeit, zu heiraten. Die Ehe des nicht mehr so jungen Paares dürfte nicht ganz unproblematisch gewesen sein. Er, ein Musikalienhändler, war ein in sich spannungsgeladener und zerrissener Mensch: Freimaurer, Atheist und Vegetarier. Sowohl er als auch seine Frau hatten klare Vorstellungen, wie man Kinder zu erziehen und wie man ihr Leben zu gestalten hatte. Von enormer Wichtigkeit waren dabei vegetarische Ernährung und eine spezielle Kleidung, die Sonjas Großmutter selbst nähte. Diese so genannten Gesundheitskleider mussten die beiden Söhne in der Schule tragen und wurden damit natürlich sofort zu Außenseitern, die dem Spott und der Hänselei ihrer Klassenkameraden ausgesetzt waren. Darüber hinaus suchte sie ständig die Lehrer ihrer Söhne auf, weil sie mit den Erziehungs- und Lehrmethoden nicht einverstanden war und selber Einfluss nehmen wollte. Für die Jungen muss die Schulzeit eine Tortur gewesen sein. Der ältere wurde Ingenieur und der jüngere, Sonjas Vater, trat in die Fußstapfen seines Vaters, absolvierte eine Buchhändlerlehre und entwickelte sich zum Schöngeist und Ästhet.

Gräfin Sonja erinnert sich daran, dass ihre Eltern in ihren ästhetischen und ethischen Grundsätzen bestens korrespondiert haben. Ihre Ehe sei eine sehr harmonische und vor allem eine sehr liebevolle gewesen. Schon als Kind habe sie das besonders stark empfunden und als wunderschöne Erfahrung in Erinnerung. Die Verbindung sei zwar einem großen Druck von außen ausgesetzt gewesen, aber das habe sie innerlich überhaupt nie berührt. Der äußere Druck bedeutete vorrangig Krieg, und Krieg bedeutete für das Paar vor allem Trennung, eine kurze Wiedersehensfreude und einen langen Abschiedsschmerz. Als Sonja am 7. Mai 1944 geboren wurde, war der Vater als Soldat in Russland, wo er später auch in Gefangenschaft geriet. Erst im Oktober 1946 kam er zurück, da war seine Tochter schon zweieinhalb Jahre alt.

Für beide Elternteile muss es ein wunderbares Geschenk gewesen sein, als sie endlich wieder zusammen waren. Wer weiß, wie oft beide daran gezweifelt hatten, je wieder als Familie miteinander leben zu können. Als es endlich so weit war, bezogen sie sich ganz stark aufeinander. Es war unübersehbar, dass sie im Leben das Wichtigste füreinander waren. Gräfin Sonja erzählt: „Bei meinen Eltern kamen zuerst einmal sie beide, dann kam eine ganze Weile nichts und erst dann kamen die Kinder. Keiner von den beiden hätte den Partner vernachlässigt zugunsten der Kinder."

Natürlich hielt die Wiedersehensfreude, die die Familie nach der Heimkehr des Vaters empfand, nicht ständig vor. Vor allem Sonja rebellierte, denn für sie war der Vater ein Fremder, den sie vorher noch nie gesehen hatte. Viele Fragen gingen in ihrem kleinen Kopf herum. Was wollte dieser fremde Mann plötzlich in ihrer Familie? Warum sagte er ihr und ihrem großen Bruder, was sie zu tun hatten? Warum sprach er Verbote aus? Und warum widersprach ihm die Mutter nicht? Warum stand sie nicht ihren Kindern bei, sondern hielt zu diesem Fremden? Aber was das Ungeheuerlichste von allem war: Sonja durfte nicht mehr im Bett neben ihrer Mutter schlafen. Darüber war sie regelrecht empört. Aber sie hielt sich dennoch zurück, denn schließlich war mit dem Auftauchen des Vaters einer ihrer größten Wünsche in Erfüllung gegangen: Die Mutter hatte endlich aufgehört, traurig zu sein und sie weinte nicht mehr. Also würde man wohl oder übel diesen Mann in Kauf nehmen müssen.

Die Spannungen zwischen dem Vater und seiner Mutter waren nicht so leicht zu lösen. Die beiden Frauen – Anita und ihre

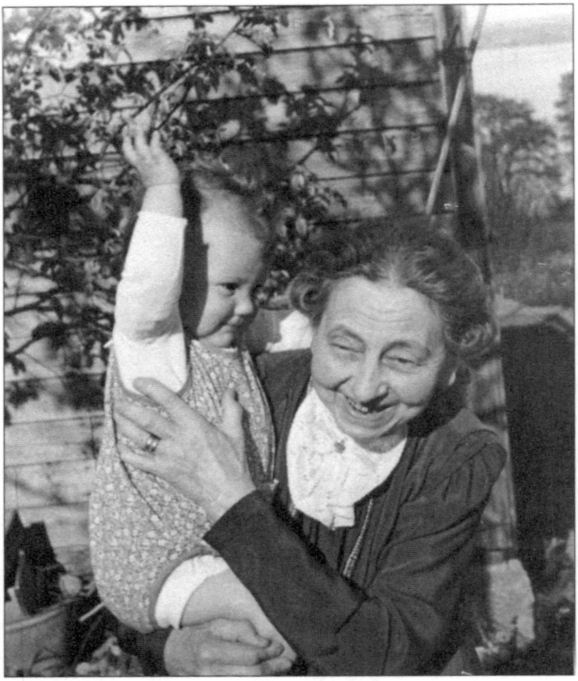

Mit ihrer geliebten Großmutter 1945

Schwiegermutter – hatten ja bereits eine Weile zusammengelebt. Jede kannte die Eigenheiten der anderen und hatte sich damit einigermaßen arrangiert. Nun änderte sich die Situation entscheidend, denn es war wieder ein Mann im Haus, der seinen Platz suchen und behaupten lernen musste. Die Großmutter machte es ihm nicht gerade leicht. Sie war zwar eine faszinierende, aber auch sehr dominante Frau, in jeder Beziehung ungeeignet für das einfache Landleben. Sie sprach fließend Englisch und Französisch und fühlte sich intellektuell unterfordert. Ursprünglich aus Norddeutschland kommend, war sie nicht begeistert, nach Süddeutschland verschlagen worden zu sein. Vor allem die Sprache machte ihr zu schaffen. Von Anfang an versuchte sie, ihren Enkeln ein einwandfreies Hochdeutsch beizubringen. Als Sonja die erste Klasse der Volksschule besuchte und sich rasch ihren Klassenkameraden in der Redeweise anglich, reagierte die Großmutter mit Entsetzen. „Um Gottes Willen, was sprichst du nur für eine Sprache?“ herrschte sie ihre Enkelin an und bedachte wohl nicht, dass diese sich auch sprachlich in die Klassengemeinschaft eingliedern wollte. Am liebsten hätte sie verhindert, dass sich Sonja unter die Dorfkinder mischte und sich mit ihren anfreundete. Sie wollte unbedingt, dass aus ihrer Enkelin einmal etwas ganz Besonderes wird.

„Wenn sie wüsste, was aus mir geworden ist, sie wäre selig“, sagt Gräfin Sonja zufrieden, doch mit einem Hauch von Bedauern, denn davon hat die Großmutter nichts mehr mitbekommen, nicht einmal die Ansätze. Sie starb 1954 im Alter von 81 Jahren – Sonja war erst zehn Jahre alt.

Bis zu ihrem Tod war sie für ihre Enkelin die strahlendste Figur ihrer Kindheit, der eigentliche Mittelpunkt ihres Lebens. Die Erzählungen der alten Frau hatten ihr neue fremde Welten eröffnet und Sehnsüchte geweckt. Es waren vor allem die geistige Energie und lebhafte Phantasie, die auf Sonja eine große Faszination ausübten. Körperlich eher schwach, sehr klein und zierlich, mit einem Buckel, weil sie vermutlich an Osteoporose litt, gelang es der Großmutter jedoch immer und überall, sich kraft ihrer Intelligenz und ihres herrschaftlichen Auftretens Respekt zu verschaffen. So auch, als während des Kriegs einmal französische Soldaten zum Haus kamen und Anita Haunz, die gerade mit Waschschüssel und Waschbrett im Garten war, aufforderten, das Fleisch zuzubereiten, was sie mitgebracht hatten. Sofort mischte sich die Großmutter ein und erklärte den Männern in perfektem Französisch, man wolle das Fleisch zwar für sie zubereiten, aber die Mahlzeit hätten sie draußen zu sich zu nehmen, nicht im Haus. Ohne Widerspruch folgten die Soldaten ihrer Anordnung.

Die Zeit ohne Vater: Sonja mit ihrer Mutter, ihrer Großmutter und ihrem Bruder Manfred 1945

Nach seiner Entlassung aus der Kriegsgefangenschaft stand für Sonjas Vater das Existenzproblem an erster Stelle. Auf eine Anstellung als Buchhändler zu hoffen, war illusorisch. Es gab nur eine einzige Buchhandlung in Konstanz und die brauchte ihn nicht. Nachdem er eine Weile vergeblich nach Arbeit gesucht hatte, ging er schließlich als Vertreter von Tür zu Tür und verkaufte Suppenpaste. So begann sein Einstieg in das neue Leben nach dem Krieg. Erschwerend kam hinzu, dass er in vielerlei Hinsicht traumatisiert war: Der Krieg und die Gefangenschaft hatten ihn physisch, aber vor allem psychisch schwer belastet und er litt an Malaria. Er hatte Schwierigkeiten, sich in ein verhältnismäßig normales Leben einzufinden, denn er hatte die letzten Jahre täglich am Rand seiner physischen und psychischen Kräfte gestanden. Es waren nicht nur die extremen und grausamen Fronterlebnisse, die dem sensiblen Mann zugesetzt hatten, sondern auch der ganz normale Kriegsalltag.

Sonja fühlt sich wohl zwischen ihrer Mutter und ihrem großen Bruder 1947

Als er endlich der Gefahr entronnen und wieder zu Hause war, verging kaum eine Nacht, ohne dass er vor Panik im Schlaf schrie. Gesprochen wurde darüber nicht in der Familie Haunz, obwohl alle davon wussten. Es gehörte zu den Spielregeln der Familie, nicht alle Dinge, die präsent und bedeutend waren, auszusprechen. Für Sonja war es selbstverständlich, dass der Vater nicht belastet werden durfte und dass man Probleme sogar von ihm fernhalten musste. Einfach war das nicht, denn damals lebte die Familie auf engstem Raum.

Gräfin Sonja erinnert sich heute noch genau an das kleine Holzhaus, in dem sie aufgewachsen ist. Im Erdgeschoss befanden sich die Schlafzimmer der Eltern und der Großmutter, die Küche und eine verglaste Veranda. Die Räume waren schlecht isoliert, das heißt im Sommer manchmal unerträglich heiß und im Winter klirrend kalt, weil der Kanonenofen es nur schaffte, seine unmittelbare Umgebung zu beheizen. Ein enges Treppenhaus führte in den ersten Stock, wo die Schlafkammern der Kinder und das Wohnzimmer, eigentlich eine Wohnhalle, gelegen waren. Dort spielte sich das Familienleben ab. Weil die ursprüngliche Zimmeraufteilung ziemlich unpraktisch war – das Essen musste jedes Mal aus der Küche in den ersten Stock hinaufgetragen werden – wurde sie bald verändert. Die große Wohnhalle wurde abgeteilt, ein weiteres Kinderzimmer eingerichtet und das Elternschlafzimmer nach oben verlegt. Damit war im Erdgeschoss Platz für ein Wohn- und Esszimmer geschaffen worden, aber das änderte nichts an der Tatsache, dass das Haus eigentlich zu klein war für die Anzahl seiner Bewohner. Außer den Wohn- und Schlafräumen gab es noch eine Toilette und ein Waschbecken. Unten im Keller stand eine Zinkbadewanne und einmal in der Woche wurde gebadet, wie es damals üblich war. „Es war eine wahnsinnig primitive Angelegenheit", resümiert Gräfin Sonja. Ihre Mutter hat die Wohnsituation allmählich in kleinen Schritten verbessert, indem sie das Haus weiter ausbaute, als sie etwas mehr Geld zur Verfügung hatte.

Von Anfang an schön und großzügig war hingegen die Umgebung des Hauses, der große Garten, in dem prächtige Bäume standen: eine Birke, eine Akazie, einige Obstbäume, ein Walnussbaum. Unter diesem war eine Sitzecke eingerichtet: zwei Bänke und ein Tisch, wo die Familie im Sommer gern zusammensaß und die Mahlzeiten einnahm. Im Gemüsegarten hatte die Mutter Kartoffeln, Bohnen, Erbsen und Karotten angepflanzt, die Kinder halfen selbstverständlich bei der Ernte und beim Unkraut jäten.

Um den Lebensunterhalt zu sichern, arbeitete Anita Haunz zeitweise in der Landwirtschaft, und die Bauern nutzten ihre Notsituation aus. Für einen Laib Brot und einen Liter Milch musste sie einen ganzen Tag auf dem Feld schuften. Aber sie hatte keine andere Wahl, denn ihr ältester Sohn war gerade in einem Alter, in dem ein Junge richtig Hunger hat. Da musste etwas auf den Tisch kommen. Sonja dagegen aß nicht viel, knabberte allerdings gern das Brot an, wenn sie zum Brotholen geschickt wurde. Der Weg zum Bäcker, der die günstigsten Backwaren verkaufte, war fast fünf Kilometer lang, und bis Sonja wieder zu Hause angekommen war, hatte sie meist schon ein Drittel des Brotlaibs nach und nach verzehrt.

Damals hat sie gelernt, sparsam zu wirtschaften und achtsam mit den Gebrauchsgegenständen umzugehen. Als sie einmal draußen auf dem Feld beim Hagebuttenschneiden ihre Schere verloren hatte, war ihre Mutter verzweifelt, denn eine Schere war etwas ungeheuer Wertvolles. Zwei Wochen lang lief Sonja jeden Tag zum Hagebuttenstrauch und suchte danach – ohne Erfolg, denn wahrscheinlich war die Schere längst von jemandem gefunden worden, der sie ebenfalls gut gebrauchen konnte und behielt. Es war ein einschneidendes Erlebnis, beinahe eine traumatische Erfahrung, erinnert sich Gräfin Sonja und ergänzt: „Wenn ich das meinen Kindern erzähle, dann finden die das allenfalls lustig." Heute ist es eben so gut wie unmöglich, sich in die damalige Situation einzufühlen. Zu viel hat sich in der Zwischenzeit verändert. Das, was heute ganz selbstverständlich zum normalen Alltagsleben gehört und gar nicht hinterfragt wird, war damals der pure Luxus.

Um 1950 herum, kurz bevor Sonjas jüngerer Bruder Wolfgang geboren wurde, bauten die Eltern einen Hühnerstall und schafften Hühner an, um täglich frische Eier zu haben. Damit hatten sie sich zu einer ziemlich selbstständigen Gemeinschaft entwickelt. Für die Mutter bedeutete das natürlich auch eine große Belastung. Sie hatte nämlich etwa um dieselbe Zeit, eine Arbeit in der Poststelle der Mainau angenommen. Der Vater war schon seit über einem Jahr dort tätig, und allmählich ging es der Familie finanziell besser. Gleichzeitig hatten die Eltern jedoch weniger Zeit für ihre Kinder und waren gezwungen, eine Hausangestellte zu beschäftigen. Rosi führte ein ziemlich schreckliches Regiment. Zunächst erkor sie Sonja zu ihrem Liebling, obwohl dieser das gar nicht behagte. Das hielt aber nicht lange vor, denn in dem Moment, als der jüngste Sohn Wolfgang zur Welt kam, übertrug sie ihre Zuwendung komplett auf ihn und begann, Sonja zu plagen. Es war nicht leicht für die Siebenjährige, dem die Stirn zu bieten, doch sie widersetzte sich, so gut sie konnte und gab Contra. Auf keinen Fall wollte sie sich bei den Eltern über die ungerechte Behandlung beklagen, weder beim Vater noch bei der Mutter, denn sie war froh, mitzuerleben, wie die Eltern durch ihre Arbeit auf der Mainau endlich wieder Mut fassten und sich zu Hause eine hoffnungsvolle Aufbruchs- und Aufbaustimmung entwickelte.

Hier zeigt sich schon sehr früh ein besonderes Verantwortungsgefühl – ungewöhnlich für ein siebenjähriges Mädchen. Sie dachte schon damals für die anderen mit und betrachtete sich selbst und ihre eigenen Bedürfnisse nicht unabhängig von ihrer Umgebung. Immer den Kontext mitdenken – eine Eigenschaft, die sich später noch steigern und verfeinern sollte. Weil sie den Existenzkampf ihrer Eltern miterlebt hatte und wusste, wie wichtig die neuen Arbeitsplätze für sie waren, ertrug sie lieber die Schikanen der Hausangestellten und wehrte sich allein dagegen, so gut sie es vermochte. Ihr war klar, dass der kleine Bruder eine Aufsicht brauchte, weil die Mutter sonst nicht arbeiten gehen konnte. Die Haushaltshilfe nutzte die Lage weitgehend aus und drohte: „Wenn du nicht das machst, was ich sage, dann geh ich, dann kann deine Mutter gucken, wie sie klarkommt." Das wollte Sonja keinesfalls riskieren, deswegen schwieg sie. Natürlich verließ Rosi die Familie Haunz nicht so schnell, denn sie hatte es dort ziemlich gut und wohnte sogar mit im Haus.

Sonja, die Hausangestellte Rosi, die Eltern und der kleine Bruder Wolfgang 1953

Eine weitere schwierige Situation hatte Sonja im Alter von zehn Jahren zu bestehen. Weil sie an einer chronischen Bronchitis erkrankt war, die sich über mehrere Jahre hinschleppte, empfahl der Hausarzt, sie zur Erholung zu schicken, mindestens für ein halbes Jahr. Höhenluft würde ihr gut tun. Nach einigem Überlegen fiel den Eltern die Bauernfamilie Linder in Mittelberg im Allgäu ein. Dieser Ort war über tausend Meter hoch gelegen. Sonjas Mutter kannte die Gegend aus ihrer Kindheit. Familie Linder erklärte sich bereit, Sonja bei sich aufzunehmen. Man traf die notwendigen Vorbereitungen und brachte Sonja zum Schulbeginn im Frühling nach Mittelberg. Zunächst verstand sie den Dialekt der Bauernkinder überhaupt nicht, denn sie sprachen natürlich ganz anders als die in Litzelstetten. Und das Leben in der großen Bauernfamilie war ebenfalls gewöhnungsbedürftig. Es fing bei den Mahlzeiten an: Die Familie saß am Esstisch, dann wurde die Pfanne mit Bratkartoffeln mitten auf den Tisch gestellt, jeder bekam einen Löffel und alle begann, gemeinsam aus dieser Pfanne zu essen. Mit der Suppe, dem Grießbrei und den anderen Speisen war es genauso: Alle aßen aus einem Topf. Sonja fand das sehr unappetitlich, vor allem wenn sie beobachtete, wie der alte Opa seinen Löffel in die Suppe tauchte, verging ihr der Appetit und sie hörte auf zu essen. Es dauerte eine Weile, bis die Familie das bemerkte. Zunächst regten sie sich über den verwöhnten Fratz auf, der sich weigerte, wie alle anderen aus der großen Pfanne zu essen, doch dann sahen sie ein, dass Sonja einfach nicht anders konnte, weil sie sich so ekelte. Da sie jedoch dünn wie ein Spargel war und im Rahmen ihres Erholungsaufenthalts aufgepäppelt werden sollte, bekam sie ihre Portion auf einem eigenen Teller, die sie dann vor der eigentlichen Mahlzeit essen konnte. Damit war sie zufrieden.

Wirklich wohl fühlte sie sich nie bei ihrer Gastfamilie. Von zu Hause war sie ein ziemlich freies Leben gewöhnt. Die Eltern machten ihr nicht viele Vorschriften. Hier in Mittelberg fing es schon bei ihrer Frisur an: Sie musste ihre Haare zu zwei strengen Zöpfen flechten, und weil sie so dünnes Haar hatte, ergab das nur zwei Mauseschwänzchen. Doch die Bäuerin war unerbittlich und verbot ihr, das Haar offen zu tragen.

In dem Zimmer, in dem sie auf einem Strohsack schlief, war es sehr kalt. Es gab im Sommer keine Schuhe, sondern sie musste, wie alle anderen Kinder auch, barfuß gehen. In diesem bäuerlichen Milieu waren Kinder nur geduldet, sie hatten sich unterzuordnen und dem Alltagsleben anzupassen. Ihre Begabungen und Wünsche wurden nicht respektiert. Die rigide bäuerliche Moral führte sogar dazu, dass kleinste Vergehen auf der Stelle geahndet wurden. Man hatte kein Verständnis für die Phantasie eines Kindes, sondern tat sie als Spinnerei ab. Von Zuhause war Sonja etwas ganz anderes gewöhnt. Da wurde viel mehr miteinander gesprochen und sie konnte von ihren Gedanken und Träumen erzählen. Natürlich litt sie bald unter entsetzlichem Heimweh. Im Sommer kamen die Eltern einmal zu Besuch. Sie

Zu Hause auf der Terrasse 1954

waren schon früh am Morgen aufgebrochen und die ganze Strecke vom Bodensee bis nach Mittelberg mit dem Fahrrad gefahren. Sonja freute sich sehr, aber ihr Heimweh wuchs danach ins Unerträgliche.

Heute besucht Gräfin Sonja den Luftkurort im Allgäu gern. Er ist für sie und ihre Familie zum Erholungs- und Rückzugsort geworden, an dem sie sich oft aufhält. „Ich kann heute noch, wenn ich in Mittelberg bin, an den unbeschrankten Bahnübergängen den Zug pfeifen hören. Dann kommt sofort mein Heimweh zurück. Das ist eine ganz merkwürdige Assoziation", erinnert sie sich.

Damals als Kind gehörte es zu ihren Aufgaben, Kühe zu hüten. Sie hatte fürchterliche Angst vor den großen Viechern, und es dauerte eine ganze Weile, bis sie begriff, dass diese wiederum Angst vor ihr hatten, wenn sie ihnen mit dem Stecken drohte und auf die Schnauze haute. Nachdem sie sich auf diese Weise durchzusetzen gelernt hatte, gehorchten ihr die Tiere. Da saß sie also manchen Nachmittag auf der Wiese, hütete die Kühe, hörte die Pfiffe der Eisenbahn und dachte: O Gott, könnte ich nur nach Hause fahren mit dieser Eisenbahn. Doch das war natürlich völlig undenkbar.

In dieser Zeit verfeinerte sie eine Angewohnheit, mit der sie schon zu Hause am Bodensee begonnen hatte. Sie las in den Wolkenbildern. Hier in Mittelberg noch viel intensiver als daheim. Etwas, was sie ihr ganzes Leben lang begleitet hat und bis heute geblieben ist: in den Himmel schauen, den Wolken nachträumen und in ihren Formationen Figuren erkennen, sich ihre Geschichte ausmalen. Die Phantasie auf die Reise zu schicken, jetzt, wo man selbst so festsaß. Einfach herausgleiten aus dem Alltag, für eine kurze Zeit den eigenen Assoziationen folgen, ihnen Raum geben. Vielleicht auch manchmal um sich zu trösten, wie das englische Sprichwort sagt: Every cloud has a silver lining.

Als endlich der Erholungsaufenthalt vorbei war und die lang herbeigesehnte Heimkehr erfolgte, tauchten für Sonja auch in Litzelstetten Probleme auf. Fast ein Jahr lang war sie fort gewesen. Der kleine Bruder erschien ihr plötzlich so viel größer. Er hatte sich sehr verändert, war kein Kleinkind mehr, sondern ein munterer Junge. Alles kam ihr anders vor, und sie musste sich erst wieder neu eingewöhnen. Ihren Bronchien aber hatte die Kur gut getan.

Die Schule betrachtete Sonja Haunz vom ersten bis zum letzten Tag als ein notwendiges Übel, oft war sie ihr sogar ein Graus. Sie hat sich dort mit ihren Begabungen und Neigungen niemals wirklich angesprochen gefühlt. Begeistert war sie zwar von Deutsch, aber Mathematik war nicht nur schrecklich, sondern völlig unverständlich für sie. Sie fand keinen Einstieg und kam nie richtig dahinter, worum es eigentlich ging. Heute kennt sie den Grund: Es interessierte sie einfach nicht. Sie war keine sehr gute Schülerin, weil sie viel zu viel Unsinn im Kopf hatte. Sie galt als frech und war immer zu Schabernack bereit, spielte Streiche, parodierte und neckte. Da kannte ihre Phantasie keine Grenzen und ihr Ideenreichtum war unerschöpflich.

Was sie liebte, war das Singen und Tanzen. Als sie irgendwann einmal zu Hause vorsichtig anfragte, ob sie Ballettunterricht nehmen könnte, reagierte der Vater mit Entsetzen. Er antwortete, so etwas käme überhaupt nicht in Frage, denn das wäre der Anfang vom Ende. Das Tänzerinnen-Dasein war damals noch mit einem Hauch von Verdorbenheit umgeben und galt als verwerflich. Sonja verstand das nicht, konnte den Vater aber nicht vom Gegenteil überzeugen. Mit dem Singen war es anders, denn er selbst liebte Operetten und hörte sich gern Arien an. Bald sang Sonja mit. So konnte sie ihre Stimme ausprobieren. Später, mit fünfzehn, trat sie dann in die Litzelstettener Fasnachtsgesellschaft Kuckuck ein und tanzte im Fasnachtsballett. Hier konnte sie endlich ihre Tanzwut austoben. Es machte ihr großen Spaß, sie nahm das Training sehr ernst und freute sich über das große Erfolgserlebnis, endlich nach langem Üben den Spagat zu beherrschen. Dafür nahm sie den anschließenden Muskelkater gern in Kauf.

Schon früh lernte sie, ihre Zeit und Energie nicht damit zu verschwenden, aussichtslose Kämpfe zu führen. Sie setzte sich zwar mit Engagement und Beharrlichkeit für ihre Ideen ein, aber wenn das Ziel absolut unerreichbar für sie war, ließ sie es vorerst wieder fallen und schob es auf. Vergessen hat sie es nicht,

Die Musikantin

aber sie entschied sich, aus jeder Situation das Beste zu machen und ihre Kräfte nicht nutzlos zu vergeuden.

In der Schule war sie fast immer Klassensprecherin, denn sie war gerechtigkeitsliebend und einfallsreich, konnte sich gut durchsetzen und hatte auch den Mut dazu. Der Schulweg schien ihr unendlich lang. Sie musste jeden Tag und bei jedem Wetter eine drei viertel Stunde bis zur Schule laufen. Im Herbst wurde der Weg attraktiver, denn er war von Apfelbäumen gesäumt, die zu dieser Zeit Früchte trugen. Also konnte man sich zwischendurch stärken. Überhaupt liebte es Sonja, auf die Bäume zu klettern. Keiner war ihr zu hoch. Sie war ein sehr wildes Kind. Die Mutter meinte daher auch so manches Mal, ihre Tochter wäre wahrscheinlich doch besser ein Junge geworden. Gespielt hat sie sowieso fast ausschließlich mit Jungen und sich dabei heftig geprügelt, mit Überzeugung und ohne Hemmungen, sodass ihre Kleider oft zerrissen waren. Wenn die Mutter wieder einmal fragte, wie das geschehen konnte, antwortete sie meistens, sie sei irgendwo hängen geblieben. Aber sie war nicht nur wild und hatte einen unbändigen Bewegungsdrang. Sie konnte auch lange geduldig verharren und beobachten: nicht nur den Himmel mit seinen Wolkenformationen, sondern auch die Erde. Als sie einmal viel zu spät in der Schule ankam und ihr Lehrer eine Begründung verlangte, erklärte sie ihm ganz selbstverständlich: „Ich hab eine Schnecke getroffen."

Als Kind hatte sie nur wenig Freundinnen. Den meisten anderen Mädchen war sie zu frech und aufmüpfig. Sie fühlten sich von ihrer Aufsässigkeit überfordert. Und ihr waren sie meist zu zickig. Mit Jungs kam sie einfach besser klar, verstand ihr Verhalten besser. Vielleicht lag ihr die männliche Psyche näher, weil sie mit zwei Brüdern aufwuchs. Und in der Nachbarschaft – falls man überhaupt davon sprechen konnte, die nächsten Häuser lagen ziemlich weit entfernt – wohnten ebenfalls überwiegend Jungen. Eine Zeit lang schloss sie sich einem an, der drei Jahre älter war als sie und mindestens ebenso viele Streiche im Kopf hatte. Von ihm konnte selbst sie noch etwas lernen. Ihre Eltern ließen sie gewähren und sie war froh, sich frei und selbstständig bewegen zu dürfen. Nur manchmal, wenn sie am See unterwegs war, verspürte ihre Mutter ein leichtes Unbehagen. Letztlich vertraute sie aber auf die Vernunft und den Behauptungswillen ihrer Tochter. Sie würde schon durchkommen, da war ihre Mutter zuversichtlich.

Wenn Sonja mit anderen Kindern spielte, gab sie gern den Ton an. Es ging ihr nicht darum, im Mittelpunkt zu stehen, sie steckte vielmehr voller Tatendrang und wollte etwas in Bewegung setzen. Sie wurde jedoch oft gebremst, weil sie auf Grund der finanziellen Situation ihrer Eltern bei vielen Unternehmungen nicht mitmachen konnte. Da war sie dann plötzlich wieder außen vor. Sie litt nicht sehr darunter, sondern übte sich darin, die Gegebenheiten zu akzeptieren und zu sagen: Gut, dann halt nicht.

Rückblickend resümiert Gräfin Sonja: „Eigentlich habe ich eine wunderschöne Kindheit gehabt, denn wir sind auf dem Land aufgewachsen, wir hatten ein eigenes Haus. Es war zwar klein und eingeschränkt, aber immerhin hatte jeder sein eigenes Zimmer. Der Schulweg war weit – okay. Ein Fahrrad bekam ich erst viel später, als ich zur Handelsschule nach Konstanz fuhr. Wir hatten natürlich keinen Fernsehapparat und kein Telefon. Das konnten sich meine Eltern nicht leisten. Also war man auf die eigene Kreativität angewiesen. Wir haben viel gesungen zu Hause, wir haben viel gebastelt, und ich hab unendlich viel gelesen als Kind. Vor allem habe ich erfahren, was Geborgenheit bedeutet. Ich wurde nie zur Strafe ins Bett geschickt, das passierte bei uns einfach nicht. Dafür bin ich meinen Eltern sehr dankbar, denn das ist ja das Gemeinste, was man tun kann. Wenn man ein Kind zur Strafe ins Bett schickt, entweiht man das Bett. Bett bedeutete für mich immer eine Zuflucht. Bett war immer schön. Besonders an Regentagen konnte man sich hineinkuscheln und lesen und es sich so richtig gemütlich machen. Dieses Geborgensein in der Familie, das ist schon sehr wichtig."

Assistentin im gräflichen Unternehmen

Nachdem Sonja Haunz 1960 ihre Schulausbildung mit der Mittleren Reife auf der Höheren Handelsschule abgeschlossen hatte, wurde sie von ihren Eltern auf eine Klosterschule geschickt, wo sie Hauswirtschaft lernen sollte. Sie wohnte im Internat und fühlte sich bald so wohl bei den Schwestern, dass sie für kurze Zeit selbst in Erwägung zog, ins Kloster zu gehen. Sie war knapp siebzehn Jahre alt und sehr offen für ethische und philosophische Fragen, die dort thematisiert wurden. „Lebenskunst" nannte sich das Fach. Obwohl sie ihren Aufenthalt bis zum Schluss sehr genossen hat, wurde ihr Wunsch, dort zu bleiben, allmählich immer schwächer. Mittlerweile drängte sie der Vater, eine Stelle auf der Insel Mainau anzunehmen. Hier im landwirtschaftlichen und touristischen Unternehmen des Grafen Lennart Bernadotte und seiner Frau Gräfin Karin Bernadotte hatte er einen Arbeitsplatz gefunden, der ihn zufrieden stellte. Als er aus der russischen Kriegsgefangenschaft heimgekommen war, hatte seine berufliche Laufbahn nicht gerade Erfolg versprechend begonnen. Der gelernte Buchhändler, der selbst gern Gedichte verfasste, wurde nach seinem Job als Suppenpastenverkäufer Ratsschreiber auf der Gemeinde Litzelstetten, bis ihn der Bürgermeister darauf aufmerksam machte, dass auf der Mainau eine Poststelle eingerichtet werden würde. Wolfgang Haunz begann als Posthalter auf der Mainau, aber bald erkannte sein Chef, Graf Lennart Bernadotte, das kaufmännische Talent seines

Anita und Sonja Haunz und der neue Borgward 1961

Mitarbeiters und holte ihn in die Buchhaltung. Er besuchte einen Bilanzbuchhalterkurs, wurde Prokurist und nach dem Tod des damaligen Verwalters schließlich Verwaltungsdirektor.

Seine Tochter Sonja hatte jedoch ganz andere Pläne. Sie wollte Sprachen lernen, sich weiterbilden. Die Mainau kam für sie als Arbeitsplatz damals überhaupt nicht in Frage. Sie wollte sich ein wenig von der Familie lösen und nicht in ihrer unmittelbaren Nähe tätig sein. Mittlerweile arbeitete nämlich nicht nur ihr Vater, sondern auch ihre Mutter im gräflichen Unternehmen auf der Insel. Dadurch war sie vorgewarnt und wusste, dass die Stimmung dort angespannt war. Es gab zwei Lager, das von Graf Lennart, der damals „Seine Hoheit" genannt wurde, und das seiner damaligen Frau, Gräfin Karin, „Ihrer Hoheit". Vor dem inneren Kreis des Personals ließ es sich nicht verheimlichen, dass die Ehe der beiden sehr unglücklich war und ihre Basis verloren hatte. In einem Familienbetrieb wie diesem pflanzte sich diese Unstimmigkeit natürlich von oben nach unten unaufhaltsam fort. Es gab demzufolge auch zwei Unternehmensteile: die Mainau-Verwaltung, die Graf Lennart Bernadotte übernommen hatte, und die Gastronomie, die von Gräfin Karin und ihren Töchtern betreut wurde. Diese beiden Teile hatten sich rasch zu zwei Fronten entwickelt mit verheerenden Auswirkungen auf das Personal. Einer der Hauptleidtragenden war Sonjas Vater, denn er war ein gewissenhafter Mann, um nicht zu sagen ein Pedant, der alles perfekt machen wollte. Er konnte nicht gut damit umgehen, dass einige Mitarbeiter die uneindeutige Situation dahingehend ausnutzten, dass sie ihr Engagement und ihren Arbeitseinsatz auf ein Minimum reduzierten und nur noch das taten, was unbedingt nötig war. Natürlich wurde dabei viel auf einen Mitarbeiter wie ihn abgewälzt, dessen Einsatzbereitschaft fürs Unternehmen genauso groß war wie seine Geduld und Kompetenz. Darüber hinaus begleitete er das Unternehmen Mainau auch politisch, saß im Gemeinderat und engagierte sich für seine Belange. Nun setzte er Hoffnung in seine Tochter, denn eine Mitarbeiterin wie sie – gewissenhaft, zuverlässig, lernbegierig, phantasievoll und kommunikativ – wünschte er sich für die Mainau. Sie aber wehrte jedes Mal ab, wenn er sie darauf ansprach.

Im April 1961 war es jedoch endlich so weit. Sonja kam zurück aus der Internatsschule und in der Zentrale der Mainau fiel die Telefonistin aus. Niemand konnte sie vertreten, denn viele Mitarbeiter waren zu diesem Zeitpunkt krank, und da bestimmte Wolfgang Haunz mit Nachdruck: „Ab morgen arbeitest du bei uns. Wir brauchen dich jetzt." Sonja stimmte zu und schränkte gleichzeitig ein: „Als Aushilfe kann ich mir das vorstellen, aber ich bleibe nicht, ich werde hier nicht alt!" Es war undenkbar für sie, sich freiwillig für längere Zeit in diesen Hexenkessel zu begeben. Sie arbeitete also nur ihrem Vater zuliebe in der Telefonzentrale. Diese befand sich in dem Gebäudeteil des Unternehmens, den Graf Lennart jeden Morgen als Erstes betrat.

Damals lagen alle Büros hintereinander im Torbogen, und „Seine Hoheit“ musste einige davon durchqueren, um in sein eigenes Büro zu gelangen.

Nach drei Monaten wurde eine neue Sekretärin für den damaligen Verwalter eingestellt, die jedoch nicht so früh, wie es nötig gewesen wäre, ihre Arbeit antreten konnte. Also forderte man Sonja Haunz auf, übergangsweise für den Verwalter zu schreiben. Manchmal schrieb sie auch für „Seine Hoheit“, wenn dessen Sekretärin es nicht schaffte, weil es zu viel war. Nach einer Weile merkte sie, dass eine Kollegin aus der Buchhaltung, die ein Auge auf „Seine Hoheit“ geworfen hatte, sich maßlos darüber ärgerte, dass die junge Aushilfe Sonja Haunz jeden Morgen die Erste war, die von „Seiner Hoheit“ begrüßt wurde. Diese Kollegin wollte sich daraufhin freiwillig von der Finanzbuchhaltung in die Telefonzentrale versetzen lassen. Eines Abends verkündete Wolfgang Haunz seiner Tochter: „Ab morgen arbeitest du bei mir. Meine Mitarbeiterin will nicht mehr in meiner Abteilung bleiben, sie ist ständig unzufrieden. Da kann ich nichts anderes machen. Besser, sie geht.“ Sonja war jedoch alles andere als begeistert und gab zu bedenken: „O je, Vati, ob du dir damit wirklich einen Gefallen tust? Du weißt doch ganz genau, dass ich Buchhaltung schon in der Schule nicht gerade geliebt habe.“ Aber er ließ sich nicht beirren, sondern versprach ihr, dass es sehr spannend sein würde. „Du wirst sehen, es gefällt dir.“ Und er sollte Recht behalten. Es machte ihr Freude, das kontinuierliche Wachsen dieses Fremdenverkehrsunternehmens zu erleben und seine Struktur und alle Abläufe im Detail kennen zu lernen.

So wurde sie ganz schnell und fundiert mit den buchhalterischen Abläufen vertraut. Theoretisch hatte sie sie ja bereits in der Schule durchgenommen, es war also nichts Neues für sie. Innerhalb kurzer Zeit arbeitete sie sich auch noch in die Lohnbuchhaltung ein und schaffte damit die Voraussetzungen dafür, dass ihr Vater ohne Probleme drei Wochen in Urlaub gehen konnte. Er wusste seine Arbeit bei seiner Tochter in guten Händen. Eine

Zeit lang funktionierte diese Familienkooperation, aber nach drei Jahren hatte Sonja endgültig genug und eröffnete ihrem Vater, sie wolle nicht mehr allzu lange bleiben, sondern so bald wie möglich für eine Weile ins Ausland gehen und Sprachen lernen. Er müsse sich allmählich nach jemand anderem umschauen. Wolfgang Haunz war betrübt und enttäuscht, dass sie, nach allem was er ihr beigebracht hatte, nun doch weg wollte. Sie erinnerte ihn daran, dass sie ihm von Anfang an angekündigt hatte, sie werde auf Dauer nicht bleiben, aber er hatte natürlich insgeheim gehofft, er könnte sie mit der Zeit umstimmen. Es war auch nicht so, dass es ihr nicht gefallen hätte, mit ihm zusammenzuarbeiten. Es machte ihr sogar Spaß, sie fühlte sich fit in ihrem Bereich, aber es reichte ihr einfach nicht. Sie war jung, voller Unternehmungsgeist und Neugier auf die Welt.

Dann geschah jedoch etwas, was ihr weiteres Leben in mehrfacher Hinsicht entscheidend bestimmen sollte: Zu Sonjas Aufgaben gehörte es, eine Statistik über die Besucherzahlen der Insel Mainau zu erstellen. Diese wollte „Seine Hoheit" periodisch sehen, also brachte sie ihm regelmäßig die aktuellen Zahlen. Sein Interesse galt allerdings nicht nur der Statistik, sondern zunehmend auch seiner jungen Angestellten. Er fragte sie, was sie vorhabe und wie ihre Zukunftspläne aussähen, und sie erklärte ihm ganz offen, dass sie langfristig nicht auf der Mainau bleiben, sondern Sprachen lernen wolle, am liebsten im Ausland. Daraufhin sagte er sofort, er könne sehr gut jemanden brauchen, der genau das tue, also, mehrere Fremdsprachen spreche und ihm bei seinen vielfältigen Aufgaben assistieren würde. Sonja war begeistert, gab jedoch zu bedenken, dass sie die Sprachen schließlich erst lernen müsse. In der Handelsschule war Französisch die erste Fremdsprache gewesen, also konnte sie auf gewisse Grundkenntnisse zurückgreifen, aber ihr Englisch war nicht gut. Sie würde also einige Jahre brauchen, um sich weiterzubilden. Der Graf forderte sie auf, im kommenden Winter, wenn auf der Mainau alles geschlossen wäre, die ersten Sprachkurse zu belegen. Er würde sie ihr bezahlen. Sonja war begeistert, ging nach London an ein Sprachinstitut und sprach nach drei Monaten fließend Englisch. Sie war selbst überrascht, wie schnell sie lernte und sich verständigen konnte. Heute erklärt sie: „Sprachenlernen war für mich im Grunde immer ein Klacks, weil ich ein absoluter Papagei bin. Ich habe es unerhört leicht, Sprachmelodien aufzunehmen und diese dann auch nachzusprechen. Das Vokabular und die Grammatik stehen auf einem ganz anderen Blatt, aber die Melodie habe ich eigentlich sofort drauf."

In dieser Zeit begann sie auch, sich für die ehrenamtlichen Tätigkeiten von Graf Lennart zu interessieren, also für den Deutschen Rat für Landespflege, die Deutsche Gartenbau-Gesellschaft und die Nobelpreisträgertagung in Lindau. Er erzählte ihr ausführlich davon und, weil er ihre Neugier spürte, fragte er sie, ob sie bereit wäre, ihn zu den Meetings zu begleiten. Sie sagte gern zu und damit war der Stein ins Rollen gekommen, der eine Art Kettenreaktion auslöste: Sie übernahm die englische Korrespondenz mit den Nobelpreisträgern und schrieb Protokolle der Sitzungen der Deutschen Gartenbau-Gesellschaft und des Deutschen Rats. Bevor sie sich in die Angelegenheiten des Unternehmens Mainau einarbeitete, beschäftigte sie sich also mit den Aktivitäten, die sich um das Zentrum herum entwickelt hatten.

Parallel dazu begann eine sehr schwierige Zeit, denn Graf Lennart fing an, ihr von seiner mittlerweile total zerrütteten Ehe und den Problemen mit seiner Familie zu erzählen. Sonja ahnte Schlimmes und dachte: Nein, nein, bloß das nicht – „meine Frau versteht mich nicht" – mit dieser Masche habe ich nichts am Hut. Sie wollte das Gespräch abblocken, wenn dieses Thema zur Sprache zu kommen drohte, tat es aber dann doch nicht, weil ihr Graf Lennart gestand, wie gut es ihm tue, endlich einmal mit jemandem offen reden zu können. Seine eigene Einstellung dazu war durchaus zwiespältig: Einerseits wollte er eigentlich gar nicht darüber sprechen, sondern die Fassade aufrechterhalten, wie er es von Kindheit an gelernt hatte. Was sich dahinter ab-

Zurück aus England 1969

spielte, ging doch niemanden etwas an. Andererseits spürte er jedoch mittlerweile, wie gut es tat, sich zu öffnen, sich mit jemandem auszutauschen, zu dem man sich hingezogen fühlte und mit dem man eine große Gemeinsamkeit verspürte.

Hier liegt wohl bereits der Anfang dieser außerordentlichen Beziehung begründet – wenn man aus der Distanz zurückblickt. Aber je größer das Vertrauen wurde, das er in seine Mitarbeiterin setzte, desto schwieriger wurde die Situation für sie. Sie war ja zu diesem Zeitpunkt erst 21 Jahre alt und fürchtete, immer stärker in etwas hineinzugeraten, was sie überforderte. Die Lage auf der Mainau war emotional aufgeladen, alles war hoch empfindlich, und Sonja entschied sich, nicht mehr länger zu bleiben. Die Situation war nicht nur heikel für sie selbst, sondern auch für ihre Eltern, die ja täglich an ihren Arbeitsplätzen auf der Mainau mit der dortigen Stimmung konfrontiert waren. Es wurde hinter vorgehaltener Hand geredet, es gab Andeutungen, die natürlich für diejenigen, die nur indirekt betroffen waren, noch schwieriger waren als für die Beteiligten. Wie sollten sie sich verhalten? Überall lag Unausgesprochenes im Raum, Vermutungen und sogar Unterstellungen bestimmten die Atmosphäre. Gräfin Karin hatte natürlich längst mitbekommen, was sich da anbahnte, also, dass da eine ganz tiefe Beziehung entstand. Sonjas Eltern waren mehr als einmal Ziel ihrer Attacken und konnten sich nicht wehren, denn sie wussten zwar, dass ihre Tochter eng mit Graf Lennart zusammenarbeitete, aber nicht, wie weit diese Verbindung ging und dass die beiden nicht nur über ihre gemeinsame Tätigkeit, sondern auch über viele private Angelegenheiten sprachen.

1966 hielt es Sonja nicht mehr aus, verließ die Mainau und ging nach Bad Godesberg, um an der Bundesanstalt für Vegetationskunde, Naturschutz und Landespflege ein Praktikum bei Professor Olschowy zu absolvieren. Sie lernte nicht nur die vielfältigen Aufgaben dieser Institution kennen, sondern darüber hinaus die großen umwelterhaltenden Aufgaben, die aus den

Umweltproblemen der Gegenwart und der Zukunft resultierten. Ihr Blick weitete sich immer mehr. Zu ihren Aufgaben in der Bundesanstalt gehörte es, Karteien über Naturparks in Deutschland anzulegen. Allmählich klärte sich dabei für sie das Netzwerk, das um Graf Lennart herum wichtig war und sie wurde mit den relevanten Institutionen vertraut: Naturschutzverbände, staatliche Stellen, darunter das Ernährungsministerium in Bonn. Parallel dazu perfektionierte sie ihre eigenen beruflichen Fähigkeiten, zum Beispiel in Stenografie. Sie erinnert sich heute noch daran, wie anstrengend es war, weil die Chefs gnadenlos drauflos diktierten, wenn sie wissenschaftliche Berichte erstellen ließen, und voraussetzten, dass sie das Fachvokabular verstand. Sonja betrachtete es als Herausforderung und nutzte ihre Chance, sich zur Spitzenschreibkraft hoch zu trainieren. Dazu übernahm sie noch Sekretariatsaufgaben.

Eineinhalb Jahre blieb sie in Bad Godesberg an der Bundesanstalt für Vegetationskunde, Naturschutz und Landespflege, bevor ihre Wanderjahre im Ausland begannen: Zunächst verdingte sie sich als Kindermädchen bei den Inhabern eines Hotels in dem englischen Küstenort Margate. Als sie dort eintraf, entschieden allerdings die Eltern, ihr die Kinder doch nicht zu überlassen. Das junge Mädchen aus Deutschland schien ihnen zu unerfahren und vor allem noch nicht reif genug, um ihre Kinder zu betreuen. Stattdessen teilten sie sie für den Küchendienst ein. Eine ganze Saison über verrichtete Sonja Hilfsdienste in der Hotelküche, wobei natürlich ihr Wortschatz in Alltagsenglisch stetig wuchs. Sie wohnte in einer kleinen Kammer unterm Dach mit einem schrägen Dachfenster, in das es hineinregnete. Das Bett stand genau darunter, folglich regnete es direkt in ihr Bett. Zum Glück war Sommer, aber auch zu dieser Jahreszeit waren Niederschläge in der Region nicht selten. Also rannte sie oft bei den ersten Tropfen in ihr Zimmer, um ihr Bett aus der Traufe wegzuziehen. Das war allerdings in diesem winzigen Raum gar nicht so einfach.

Alles in allem war dieser Auslandsaufenthalt nicht gerade das, was sie sich erträumt hatte, und so bekam sie Heimweh, wohl wissend, dass es längst noch nicht an der Zeit war, zurückzukehren. Die Mainau mit all dem Ungeklärten und in der Schwebe gehaltenen schien ihr nicht gerade der geeignete Ort, um sich eine berufliche Existenz aufzubauen. Graf Lennart empfahl ihr denn auch, nach Frankreich zu gehen. Ihre erste Station war Paris, dann folgte Lausanne in der Schweiz, wo sie ihre Alliance Française ablegte. Parallel dazu begann ihre Reisezeit mit Graf Lennart. Sie begleitete ihn auf Veranstaltungen im Rahmen seiner Ehrenämter, und 1969 holte er sie schließlich zurück auf die Mainau, wo sie als seine Assistentin arbeitete. Er war gerade sechzig Jahre alt geworden.

Nun begann das, was sie heute als ihre eigentliche Leidenszeit bezeichnet: Mitarbeiter, mit denen sie sich bisher gut verstanden hatte, verhielten sich plötzlich unter dem Einfluss von Gräfin Karin so, wie es Sonja nie für möglich gehalten hätte. Das Verhalten der Menschen, die sie mochte, traf Sonja tief. Zunächst versuchte sie, so gut es ging, über die Spitzen, die besonders von einer Kollegin verteilt wurden, hinwegzusehen. Sie konnte einfach nicht fassen, dass es ein und derselbe Mensch war, mit dem sie doch zuvor so gut ausgekommen war. Einmal wagte sie die Flucht nach vorn, sprach sie direkt an und versicherte ihr, sie müsse keine Angst haben, dass ihr etwas von ihren Aufgaben weggenommen würde. Die Einteilung sei doch ganz klar, die Kollegin habe sich um die administrativen Arbeiten zu kümmern, sie selbst um die Ehrenämter. Dafür sei sie schließlich dank ihrer Fremdsprachenausbildung prädestiniert. Von Anfang an versuchte sie, die stark angespannte Situation durch Offenheit und direktes Ansprechen der Probleme zu entkrampfen, den Mutmaßungen und Intrigen hinter vorgehaltener Hand das direkte Gespräch von Angesicht zu Angesicht entgegenzusetzen. Sie versicherte der Kollegin ihre Zuneigung und dass diese tun und lassen könnte, was sie wollte, sie habe sie einfach gern und werde es daher ertragen.

Als Steuerfrau an Bord 1969

Im Frühjahr 1972 ließen sich Graf Lennart und Gräfin Karin scheiden, und damit entspannte sich zunächst die Situation. Am 29. April 1972 heirateten Graf Lennart und Sonja Haunz. Bis zum 7. Mai wusste niemand davon, und Sonja arbeitete weiterhin als Fräulein Haunz auf der Mainau. Am 7. Mai fand dann der große Frühlingsball statt, auf dem Graf Lennart ihre Eheschließung öffentlich verkündete. Damit begann für seine junge Frau die offizielle Zeit als Gräfin Sonja. „Es war nicht nur ein Riesenschritt, sondern auch ein sehr schöner Schritt", kommentiert sie heute, „und ich denke auch, ein für die Mainau bedeutungsvoller Schritt, der von unendlich viel Kreativität und Einsatz begleitet ist – bis zum heutigen Tag."

An ein ganz besonders beeindruckendes Erlebnis, einen Lichtblick in den insgesamt doch sehr schwierigen Jahren vor der Eheschließung erinnert sich Gräfin Sonja besonders gern: 1965 war Graf Lennart anlässlich einer großen Blumenschau von der Mainau über Gent nach Hamburg gereist. Er hatte sich unterwegs eine schwere Erkältung zugezogen, die zu einer Lungen-

Mit Graf Lennart im Büro Anfang der 70er Jahre

entzündung zu werden drohte, und lag nun krank im Hotel Vier Jahreszeiten. Eigentlich sollte Stockholm sein nächstes Ziel sein, denn dort wurde in wenigen Tagen die Hochzeit seines Sohnes Jan gefeiert. Die Ärzte hatten ihm die Reise jedoch wegen seines angeschlagenen Gesundheitszustands verboten, ihrer Ansicht nach durfte er sich auf keinen Fall allein auf den Weg machen. Graf Lennart wandte sich an Sonjas Mutter und beauftragte sie, ihre Tochter ausfindig zu machen, damit sie ihn begleitete, denn zufällig befand sich Sonja zu diesem Zeitpunkt auch in Hamburg. Sie war bei einer Freundin zu Besuch. So kam es, dass Sonja Haunz mit Graf Lennart nach Schweden flog und seinen Vater, Prinz Wilhelm von Schweden, kennen lernte – ihren künftigen Schwiegervater – der wenige Wochen später sterben sollte. Es war das letzte Mal, das Graf Lennart seinen Vater traf, und Gräfin Sonja ist bis heute froh darüber, dass die Dinge sich da-

Sonja Haunz und Prinz Wilhelm in Stenhammar 1965

mals so entwickelt haben und sie dabei sein konnte. Die Begegnung mit Prinz Wilhelm hatte für sie etwas Schicksalhaftes. Sie war überwältigt von der Nähe, die sie zu ihm verspürte und die er ebenfalls zu empfinden schien. Die Verbindung der beiden ist in einem zauberhaften Foto dokumentiert, das heute auf Gräfin Sonjas Schreibtisch steht: Sonja Haunz kauert neben Prinz Wilhelm, der auf einem Stuhl sitzt, und seinen Kopf an ihren schmiegt. Betrachtet man das Bild, meint man die Schwere seines Kopfes zu fühlen. Er lehnt sich an sie, verlässt sich auf sie, vertraut ihr in diesem Moment bedingungslos, rückhaltlos. Wahrscheinlich mochte er dieses junge Mädchen, das Lebensfreude und Ernsthaftigkeit zugleich ausstrahlte, auf Anhieb. Man ist im Nachhinein allerdings wirklich geneigt, noch ein wenig mehr in dieses Bild hineinzulegen. Jedenfalls war auch er von dieser Begegnung beeindruckt, wie sich später herausstellen sollte.

Wieder zu Hause schrieb ihm Sonja einige Tage später einen Brief und legte ein Foto bei. Es zeigte das Ballett der Litzelstettener Narrenzunft Kuckuck bei einem Auftritt. Graf Lennart hatte die Reihe hübscher junger Mädchen, darunter natürlich auch Sonja, bei einer der letzten Fasnachtsveranstaltungen immer wieder fotografiert. Die frechen und fröhlichen Darbietungen der talentierten Tänzerinnen hatten ihm gefallen. Eins dieser Fotos sandte Sonja also zusammen mit einem Dankesbrief an Prinz Wilhelm nach Schweden, weil sie wusste, dass dieser die alemannische Fasnacht am Bodensee sehr liebte und wenn es ihm seine Gesundheit erlaubte, immer begeistert mitfeierte. Es war ein Brauch, den er auf der Mainau kennen gelernt und der ihn nicht nur fasziniert, sondern regelrecht entzündet hatte. Es heißt, er habe sogar darauf bestanden, dass die Fasnachtsveranstaltungen auf keinen Fall abgesagt werden dürften, falls sein Tod einmal in die Fasnachtszeit fallen sollte.

Wenige Wochen, nachdem ihm Sonja das Foto geschickt hatte, starb Prinz Wilhelm. Als Graf Lennart kurz darauf den Schreibtisch seines Vaters aufräumte, machte er eine überraschende Entdeckung. Während die anderen Schubladen entweder leer waren oder lediglich Briefpapier und Kuverts enthielten, fand er in der rechten oberen Lade das Foto vom Kuckucksballett, das er geknipst und das Sonja seinem Vater in ihrem Dankesbrief mitgeschickt hatte. Der Brief war nicht dabei, einzig das Bild lag in der ansonsten leeren Schublade. Natürlich nahm es Graf Lennart sofort an sich, denn er war ja mit Gräfin Karin dort und es hätte mit Sicherheit eine Katastrophe gegeben, wenn diese das Foto entdeckt hätte.

Als er Sonja davon erzählte, war sie glücklich über diese schöne Parenthese in einer sehr schwierigen Zeit. Die Begegnung mit Prinz Wilhelm kurz vor seinem Tod, die ganz zufällig zustande kam und offensichtlich für beide von nachhaltiger Bedeutung war, wurde nun zum gemeinsamen Erlebnis für sie und Graf Lennart und brachte die beiden einander noch näher.

Graf Lennart Bernadotte

In der Verbindung von Sonja Haunz und Graf Lennart Bernadotte trafen zwei Lebensgeschichten zusammen, wie sie wohl unterschiedlicher nicht sein könnten. Als sie sich kennen lernten, war Graf Lennart mehr als doppelt so alt wie Sonja Haunz. Er stammte aus der schwedischen Königsfamilie und hatte seine Kindheit im Schloss Fyrkanten in Stockholm verbracht. Sie war unter den existenziell schwierigen Bedingungen des Nachkriegsdeutschlands in einem kleinen Dorf am Bodensee aufgewachsen. Und während sie voller Neugier und Unternehmungslust in die Welt blickte und gerade begonnen hatte, sich eine berufliche Existenz aufzubauen, befand er sich schon mitten in einem aufregenden und wechselvollen Leben, dessen Geschichte mehrere Bücher füllen könnte. Er hat sie selbst in seinen autobiografischen Büchern „Gute Nacht, kleiner Prinz“ und „… ein Leben für die Mainau“ erzählt und hier sei nun ein Überblick über die Zeit gegeben, bevor der gemeinsame Lebensweg mit Gräfin Sonja begann.

Graf Lennart Bernadotte wurde am 8. Mai 1909 als Seine Königliche Hoheit Prinz Gustaf Lennart Nicolaus Paul, Erbfürst von Schweden, Herzog von Småland in Stockholm geboren. Sein Vater war Seine Königliche Hoheit Prinz Wilhelm von Schweden, der Sohn des regierenden Königs von Schweden Gustav V. und seiner Frau Victoria; seine Mutter war Ihre Kaiserliche Hoheit Maria Pawlowna, Großfürstin von Russland. Väterlicherseits entstammt Graf Lennart Bernadotte der könig-

Graf Lennart Bernadotte

lichen schwedischen Dynastie der Bernadottes, deren Wurzeln allerdings nicht in Schweden liegen. Der 1763 geborene Gründer der Dynastie, Jean Baptiste Bernadotte, kam aus Pau, Frankreich, war Berufssoldat in der königlichen Armee und kämpfte später in der Truppe des jungen Generals Napoleon Bonaparte. Nachdem dieser sich 1804 selbst zum Kaiser gekrönt hatte, ernannte er Bernadotte zum Marschall von Frankreich und zum Herzog von Ponte Corvo. Es gab darüber hinaus eine etwas pikante Verbindung zwischen den beiden Männern: Jean-Baptiste Bernadotte heiratete 1798 die ehemalige Verlobte Napoleons, Desirée Clary, deren Schicksal Stoff bot für zahlreiche Bücher und Filme. 1810 wählte der schwedische Reichstag Jean-Baptiste Bernadotte zum Kronprinz. Der ehemalige Berufssoldat hatte einen ausgezeichneten Ruf und sollte das Königreich Schweden, dessen Macht ins Wanken gekommen war, wieder zu Ansehen verhelfen. Bernadotte wurde unter dem Namen Carl Johan von König Carl XIII. adoptiert und nach dessen Tod König Carl XIV. Johan von Schweden. Damit war die schwedische Herrscherdynastie Bernadotte begründet.

Prinz Lennarts Mutter, Maria Pawlowna, stammte aus dem russischen Herrscherhaus der Romanows. Sie war eine Enkelin des Zaren Alexanders II.

Prinz Lennarts Eltern waren jedoch nicht durch eine Liebesheirat miteinander verbunden, sondern ihre Ehe war ein Produkt politischer Interessen des königlich schwedischen und des kaiserlich russischen Herrscherhauses. Das Paar ließ sich denn auch bereits 1913 scheiden, was damals einen Skandal bedeutete. Maria Pawlowna ging zunächst nach Paris und dann nach einigen Zwischenstationen zurück nach Russland. Prinz Lennart sollte seine Mutter erst in den zwanziger Jahren wiedersehen. Sein Vater war ständig unterwegs, da er als Marineoffizier während des Ersten Weltkriegs die Neutralität Schwedens auf hoher See überwachte. Der kleine Sohn Lennart kam in die Obhut seiner Großmutter väterlicherseits, Königin Victoria, die seine Erziehung übernahm. Diese Jahre seiner Kindheit im Stadtschloss von Stockholm, wo seine Großeltern, König Gustav V. und Königin Victoria, residierten, empfand Prinz Lennart als sehr beklemmend. Er fühlte sich eingesperrt und kontrolliert. Seine Großmutter vertrat die Auffassung eines Königtums von Gottes Gnaden und wandte monarchische Erziehungsmethoden aus dem 19. Jahrhundert an. In seiner Autobiografie „Gute Nacht, kleiner Prinz" schreibt Lennart Bernadotte: „Manchmal habe ich einen faden Geschmack im Munde, wenn ich an all die gut gemeinten Rücksichtslosigkeiten denke, denen ich in meiner Kindheit ausgesetzt war. Ich fürchte, die fürsorgliche Erziehung galt nicht allein mir, sondern sie sollte auch eine Prunkfassade für meine liebe Großmutter aufbauen helfen."

Prinz Lennart, der ein besonders munteres und eigenwilliges Kind war, begann früh gegen die Verbote und Verhaltensmaßregeln zu rebellieren. Heute reflektiert er rückblickend im Gespräch, er habe schon damals gespürt, dass es überlebensnotwendig war, sich aus dieser engen Umklammerung und Reglementierung zu befreien.

„Ich musste mich selbst retten. Retten – das ist das Wort – damit von mir etwas übrig bleibt und nicht nur das, was man alles in mich hineingesteckt hat. Das ist ein Unterschied. Da war zum Glück noch etwas ganz anderes in mir als das, was aus mir gemacht werden sollte."

Nach dem Abitur 1927 rückte Prinz Lennart als Offiziersanwärter in eine schwedische Kavallerieschule ein. Auf Grund zahlreicher Krankheiten – eine schwere Lungenentzündung und gleichzeitige Masernerkrankung führten im Winter 1927/1928 beinahe zu seinem Tod – wurde 1929 von einer Berufslaufbahn beim Militär Abstand genommen. Im Nachhinein war er froh darüber und fühlte sich von einer Last befreit, denn dieser Weg war nicht einer tieferen Neigung entsprungen, sondern eher eine Verlegenheitslösung. Für einen Angehörigen des schwedischen Königshauses waren die beruflichen Perspektiven nämlich extrem begrenzt. Sein Traumberuf, Röntgenarzt, stand außer Diskussion, denn als Prinz war es ihm verfassungsmäßig untersagt, eine Arbeit zu wählen, für die er ein Gehalt beziehen würde.

So stürzte er sich, nachdem er ins zivile Leben zurückgekehrt war, in ein neues Abenteuer: die erste große Liebe. Schon in der Schulzeit hatte er sich in die bürgerliche Karin Nissvandt verliebt. Als sie sich 1924 kennen lernten, war sie dreizehn und er fünfzehn. In den folgenden Jahren trafen sie sich immer wieder, ihre Beziehung vertiefte sich und die beiden wurden ein Paar. Um eine größere Unabhängigkeit vom Königshaus zu gewinnen und mit Karin zusammen zu sein, nahm sich Prinz Lennart 1931 eine eigene Stadtwohnung in Stockholm. Da der König, das offizielle Familienoberhaupt, gegen die Ehe mit der bürgerlichen jungen Frau war, musste das Paar im Ausland heiraten. Am 11. März 1932 fand in London die standesamtliche Trauung des Erbfürsten von Schweden und Herzog von Småland Prinz Lennart und der bürgerlichen Braut Karin Nissvandt statt. Durch seine Hochzeit verlor Prinz Lennart mit einem Schlag sämtliche Titel, Privilegien und Orden und wurde zum Bürger, zum Herrn Lennart Bernadotte, ohne finanzielle Ansprüche und Zuwendungen vonseiten des Königshauses. Es blieb jedoch als mögliche Existenz für Lennart Bernadotte und seine Frau Karin die Verwaltung der Insel Mainau im Bodensee.

Bereits 1916 hatte Prinz Lennart mit seiner Großmutter Königin Victoria, die aus dem Badischen Herrscherhaus stammte, zum ersten Mal die Mainau besucht. Die Insel, die sich lange im Besitz des Deutschen Ordens befand, war 1853 von Prinz Lennarts Urgroßvater Friedrich I. Großherzog von Baden aufgekauft worden, um sie als Sommerresidenz zu nutzen. Nach dessen Ableben wurde sie von seiner Witwe Großherzogin Luise bewirtschaftet. Ihr Prinzip war es, alles genauso zu lassen, wie es von ihrem Mann, einem großen Naturliebhaber und Baumexperten, angelegt worden war. Nichts durfte verändert werden und demzufolge wucherte alles vor sich hin. Großherzogin Luise vererbte die Mainau an ihren Sohn, Friedrich II. von Baden. Nach seinem Tod gelangte die Insel 1928 in den Besitz seiner Schwester Victoria, die seit ihrer Hochzeit mit Gustav V. Königin von Schweden war. Die Mainau war ihr mit der Auflage vererbt worden, sie an ihren Sohn Prinz Wilhelm und in Folge an ihren Enkel Prinz Lennart zu übertragen. Da diese beiden überhaupt nicht damit gerechnet hatten, wurden sie von ihrem Erbe völlig überrascht. Prinz Wilhelm betrachtete das zugewachsene Anwesen mit dem alten Schloss eher als Belastung, Lennart hingegen freundete sich bald immer stärker mit dem Gedanken an, sich am Bodensee niederzulassen und dort mit Karin ein eigenes Heim zu gründen. Sein Vater bestärkte ihn darin und machte ihm das Angebot, die Insel als Generalbevollmächtigter für ihn zu verwalten. Er selbst fühlte sich stark an Schweden gebunden und hatte sich dort sein Leben so eingerichtet, dass ein Umzug auf die Mainau für ihn überhaupt nicht in Frage kam.

Lennart Bernadotte fuhr gleich nach der Hochzeit mit seiner Frau an den Bodensee, um seine neue Position anzutreten und das renovierungsbedürftige Schloss und den verwilderten Garten in Stand zu setzen. Da es eine Weile dauerte, bis das Schloss bezugsfertig war, wohnte das Ehepaar in den ersten Jahren in Konstanz im Hotel und verbrachte den Herbst und den Winter in Stockholm.

Graf Lennart erinnert sich heute: „Die Mainau war eine Katastrophe. Ein schwimmender Dschungel, vollkommen heruntergekommen und zugewachsen. Vom See aus hat man das Schloss nicht gesehen, und nur aus zwei Fenstern des Schlosses hat man einen Fetzen vom Bodensee erspähen können. Die Bäume hatten sich auf der Insel so groß und breit gemacht, dass sie alles verdeckten, nachdem die Großherzogin Luise nach dem Tod ihres Mannes verfügt hatte, auf der Mainau dürfe nichts verändert werden. Es durfte kein Baum gefällt werden, kein wilder Wein und kein Efeu entfernt werden. Die Gebäude mussten genau so bleiben wie sie waren, und das hält auch die beste Natur und die beste Architektur nicht aus. Sie gehorcht nicht mal einer Großherzogin."

Der Geist der Großherzogin hatte sich auch auf die Angestellten übertragen, was Lennart Bernadotte bald heftig zu spüren bekam. Seinen Umgestaltungs- und Renovierungsplänen wurde mit Skepsis und Widerstand begegnet, aber er ließ sich nicht entmutigen, forcierte den entstehenden Tourismus, errichtete einen Kiosk und in Folge ein kleines Gasthaus, die Schwedenschenke. Wenn im Personal Not am Mann war, stand er selbst am Zapfhahn und schenkte Bier aus und seine Frau arbeitete in der Küche. Am 3. Mai 1933 kam ihr erstes Kind, die Tochter Birgitta, zur Welt.

Der erste Tourismusaufschwung, der gleich ganze Besucherströme auf die Mainau führte – 1936 besichtigten bereits 230 000 Menschen die Insel – hätte eigentlich Grund zu Optimismus und Zuversicht sein können, wäre er nicht zu einer insgesamt doch eher beunruhigenden Zeit erfolgt. In Deutschland übernahmen die Nationalsozialisten die Macht und ihr Gedankengut begann, sich mit martialischen NSDAP-Aufmärschen und Aufrufen zum Boykott jüdischer Geschäfte im Alltagsleben der Menschen auszubreiten. Auf der Insel Mainau sollten die Mitarbeitertreffen zu nationalsozialistischen Bekehrungsveranstaltungen umfunktioniert werden. Allmählich wurde die Lage für die Familie Bernadotte immer unerträglicher. Angesichts der drohenden Gefahr eines Zweiten Weltkriegs, auf den Hitler zielstrebig zumarschierte, entschlossen sich Lennart und Karin Bernadotte 1939 Deutschland zu verlassen und mit ihren beiden Kindern – 1935 war die zweite Tochter Marie Luise geboren worden – zurück nach Schweden zu gehen. Dort begann Lennart Bernadotte sein geliebtes Hobby, die Fotografie, zum Beruf zu machen. Seine erste Kamera, eine Brownie-Box, war ihm von seiner Großmutter geschenkt worden, als er sieben Jahre alt und zum ersten Mal mit ihr auf der Mainau war. In den dreißiger Jahren hatte er sich sogar ein professionelles Fotolabor im Schloss eingerichtet. Die Werbeaufnahmen für die Mainau aus dieser Zeit stammen von ihm.

In Stockholm schloss er Bekanntschaft mit Victor Hasselblad, dem berühmten Produzenten hervorragender Kameras, mit dem er einige Projekte realisierte, die ihn sogar nach Amerika führten. Bald wurde er Chefredakteur der jungen schwedischen Fotozeitschrift „Foto" und setzte sich im Zuge dieser Tätigkeit für die Anerkennung der Fotografie als eigenständige Kunstform ein. Daneben engagierte er sich auch in der Kinder- und Jugendarbeit. Nicht nur in beruflicher, sondern auch in familiärer Hinsicht entwickelte sich Lennart Bernadottes Zukunft erfreulich: 1941 wurde der Sohn Jan und 1944 die Tochter Cecilia geboren.

Neben der Fotografie interessierten ihn auch zunehmend die bewegten Bilder. Er wandte sich mit Begeisterung dem neuen Medium Film zu und gründete 1947, zusammen mit dem Kameramann Olle Nordemar, der später Astrid Lindgren-Filme produzierte, die Filmgesellschaft Art-Film. Im selben Jahr schloss Thor Heyerdahl seine berühmte Kon-Tiki-Expedition ab und suchte nach einer Produktionsfirma für sein Filmmaterial. Lennart Bernadotte und Olle Nordemar übernahmen diese Aufgabe und produzierten den Film „Kon-Tiki". Dieses Werk wurde mit zahlreichen internationalen Preisen ausgezeichnet, darunter 1951 der Oscar für den besten Dokumentarfilm.

1952 wurde Lennart Bernadotte der Grafentitel „af Wisborg" angeboten, der auf eine entfernte Verwandte, Charlotte Großherzogin von Luxemburg zurückging. Da dieser Titel allen drei ehemaligen Prinzen des Hauses Bernadotte – zwei der Söhne des Königs hatten mittlerweile ebenfalls bürgerlich geheiratet – offeriert wurde, nahm er das Angebot an, um seinen Cousins einen Gefallen zu tun.

Nach dem Ende des Zweiten Weltkriegs pendelte die Familie Bernadotte wieder zwischen Bodensee und Stockholm hin und her. Im Sommer 1946 gründete Lennart Bernadotte, zusammen mit dem CVJM und dem schwedischen KFUM, auf der Insel Mainau das „Freizeitwerk", ein Jugendlager, das jungen Leuten die Chance bot, gemeinsam die Kriegsjahre zu verarbeiten und eigene Zukunftsperspektiven zu entwickeln. Zwei Jahre später entwickelte sich daraus das „Internationale Institut Schloss Mainau" unter der Obhut des Weltkomitees des YMCA.

Im Herbst 1952 zog die sechsköpfige Familie Bernadotte endgültig auf die Mainau. Graf Lennart Bernadotte gab seinen Chefredakteursposten bei „Foto" auf, veräußerte seine Anteile an der Filmgesellschaft Art-Film und kaufte seinem Vater mit dem Erlös die Insel Mainau ab. Fast in allen Publikationen ist zu lesen, Graf Lennart Bernadotte habe die Insel Mainau von seinem Vater geerbt, obwohl er es unzählige Male richtig gestellt hat. Er ist heute immer wieder aufs Neue erstaunt darüber, dass sich diese Fehlinformation als Legende so festgeschrieben hat und erklärt:

„Mein Vater hat die Mainau geerbt von seiner Mutter und mit der Auflage, sie sollte nachher auf mich übergehen. Aber ich habe die Mainau nicht geerbt. Es ist falsch, wenn die Zeitungen das schreiben. Ich hab die Mainau niemals geerbt. Ich wurde als junger Mann hierher geschickt, um die Mainau zu verwalten. Denn mein Vater wollte es nicht selbst tun, weil er feste Wurzeln in Schweden hatte. Ich war damals ausgestiegen aus dem Königshaus und da passte es mir natürlich, dass ich gerade so etwas als Arbeit bekam. Später, als ich mich endgültig für die Mainau entschied, hab ich ihm die Insel dann abgekauft."

Nach dieser endgültigen Entscheidung widmete sich Graf Lennart ganz dem Aufbau eines florierenden Tourismusunternehmens auf der Mainau. Der Garten wurde zu einem Park der vier Jahreszeiten weiterentwickelt. Neben dem sanften Ausbau der Insel unterstützte und prägte er die Lindauer Nobelpreisträgertagungen und wurde zum Präsident des Kuratoriums dieser Tagung gewählt. 1955 wurde er Präsident der traditionsreichen Deutschen Gartenbau-Gesellschaft DGG und initiierte im Rahmen dieser Organisation zahlreiche Aktivitäten, zum Beispiel die „Mainauer Gespräche“, in denen seit 1957 die Situation von Mensch und Natur beleuchtet wird. Produkt dieser Initiative war wiederum die „Grüne Charta von der Mainau“, die 1961 verabschiedet wurde und eine Art Grundgesetz für den Umgang mit der Natur bedeutete. Man kann sie ohne weiteres als eine bahnbrechende Vorläuferin der Agenda 21 bezeichnen.

1962 wurde Graf Lennart vom damaligen Bundespräsidenten Heinrich Lübke zum Sprecher des neu gegründeten Deutschen Rates für Landespflege mit Sitz in Bonn ernannt. Dieses unabhängige Gremium sprach Empfehlungen zur Erhaltung und Wiederherstellung der geschädigten Natur aus. Zu seiner Ernennung beigetragen hat sicher auch der Bundeswettbewerb „Unser Dorf soll schöner werden“, den Graf Lennart ein Jahr zuvor ins Leben gerufen hatte. Im Rahmen eines Wettbewerbs sollten die Dorfbewohner angeregt werden, ihre unmittelbare Umgebung selbst freundlicher und lebenswerter zu gestalten.

Naturschutz, Umweltschutz und Weltfrieden waren und blieben zentrale Themen für Graf Lennart. 1955 verlas er im Schlosshof das „Mainauer Manifest“, das im Rahmen der Nobelpreisträgertagung erstellt worden war: 18 Wissenschaftler, darunter Werner Heisenberg und Otto Hahn, unterzeichneten eine Resolution zur Erhaltung des Weltfriedens.

Im Laufe dieser für Graf Lennart sehr arbeitsreichen Jahre entwickelten sich zwischen ihm und seiner Frau unterschiedliche Lebensvorstellungen und die Ehe wurde schließlich zur gegenseitigen Belastung. Während Graf Lennart auch den Repräsentationspflichten gern nachkam, verweigerte sich Gräfin Karin zunehmend. Sie zog sich zurück, konzentrierte sich ausschließlich auf die Familie und brachte den expandierenden öffentlichen Aktivitäten ihres Mannes immer weniger Interesse entgegen. Es muss hart gewesen sein für Graf Lennart, sich einzugestehen, dass seine einstige große Liebe der Zeit nicht standgehalten hat. Eine ganze Weile gelang es, die äußere Fassade einer glücklichen Familie aufrechtzuerhalten und die kontinuierlich fortschreitende Entfremdung zu verbergen, aber schließlich wurde die Trennung unvermeidlich. 1972 wurde die Ehe einvernehmlich geschieden. Graf Lennart hatte mittlerweile eine neue Frau an seiner Seite. Die Beziehung zu seiner Assistentin Sonja Haunz, die als Arbeitsverhältnis begann, wurde im Laufe der Zeit zur Freundschaft – endlich hatte er einen Menschen gefunden, mit dem er über seine familiäre Situation sprechen konnte und vor allem wollte – und schließlich, allen trennenden äußeren Faktoren zum Trotz, zu einer großen Liebe.

Graf Lennart und Gräfin Sonja beim „Start ins Blumenjahr" auf der Mainau 2003

Eine ungewöhnliche Liebe

„Was ist Liebe eigentlich? Liebe ist eine komplizierte Sache und besteht aus vielen wunderbaren zusammengesetzten Gefühlen, Erlebnissen und Gedanken, sodass es irgendwie nicht reicht, wenn man nur von der Liebe spricht." Graf Lennart sitzt im Kaminzimmer des Schlosses und entwickelt seine Gedanken zu diesem lebenswichtigen Thema. Es ist ein Spätnachmittag im Januar 2004. Im Kamin brennt ein Feuer und erzeugt Wärme und mildes Licht. Dieses Element kann so zerstörerisch und aggressiv sein, aber hier umhüllt es die Holzscheite mit schmeichelnden Zungen. Flammenzungen – rot, orange, gelb – Farben der Energie, die hier Ruhe und Gelassenheit verströmen. Das Feuer brennt, das Holz knistert und die Gedanken kommen zur Ruhe.

„Zur Liebe gehören Freundschaft und Kameradschaft und Partnerschaft, und das finde ich alles bei meiner Sonny. Man entdeckt ja immer wieder Neues. Man sucht und sucht und findet neue Dinge. Ich glaube, das Größte ist die Partnerschaft. Ich finde das alles ganz toll. Aber ich habe Schwierigkeiten, es in Worte zu fassen. Es ist nicht leicht, bestimmt nicht. Viele Philosophen haben ja versucht, zu erklären, was Liebe ist, aber eigentlich ist es niemandem wirklich gelungen. Einen Teil kann man vielleicht erklären, das Ganze kann man wohl nicht erfassen. Gott sei Dank bleibt immer etwas übrig zum Entdecken. Das ist sehr wichtig im Leben. Wenn man alle Geheimnisse gleich kennen würde, wäre es nicht mehr interessant.

Am Anfang, als ich mich in Sonny verliebte, war es für mich immer besonders schön, ihre Familie zu besuchen und sie miteinander musizieren zu hören. Es ist wunderbar, dass Sonny so musikalisch ist. Das mag ich so sehr. Die ganze Familie Haunz ist ja supermusikalisch. Alle singen und spielen verschiedene Instrumente. Es waren tolle Abende, die ich bei ihnen verbrachte, und es war kein Problem, sich in Sonja zu verlieben. Sie ist ja eine tolle Kombination von Festigkeit, zum Teil sogar Sturheit, und Weichheit – total faszinierend. Sie hat eine Ausstrahlung, das ist ja nicht zu fassen. Sie hat eine unerhörte Ausstrahlung. Man fühlt sie direkt. Das ist toll. Ja, ich bin nach über dreißig Jahren – es sind ja bald vierzig Jahre her, dass wir uns kennen – genauso verliebt wie damals, wenn nicht noch mehr. Durch meine guten Erfahrungen und durch viel Gegenliebe, die ich bekommen habe.

Die Liebe ist ja eine Sache, die man nicht im Alltag verbrauchen sollte. Das tagtägliche Verschleißen der Liebe kann gefährlich sein. Bei uns beiden ist das zum Glück unmöglich, weil Sonny so viel zu tun hat. Weil sie so positiv ist, weil sie sich verausgabt und immer für viele Menschen da ist und für viele Fragen Verständnis hat, können wir unsere Liebe nicht im täglichen Leben vergeuden, sondern genießen sie sozusagen insgeheim, wenn wir uns treffen, wenn wir zusammenkommen. Ich erlebe mit ihr immer noch Überraschungen, bald jeden Tag. Das macht das Leben mit ihr so schön. Und so spannend. Sie ist ja oft weg von hier, sogar lange Zeit und irgendwie hält das unsere Liebe sehr lebendig. Die Sehnsucht nach Sonja, wenn sie nicht da ist, die ist auch schön, aber sie tut manchmal weh. Wahrscheinlich ist sie nützlich. Dass wir unsere Liebe immer wieder erneuern müssen, hat sich als sehr gesund erwiesen. Man kann immer wieder neu starten. Natürlich ist die Grundlage da, das ist ja klar, aber diese ständigen neuen Starts sind spannend.

Ja, ich bin immer noch ein verliebter Mann, aber wie soll ich meine Liebe erklären? Meine Liebe ist viel zu kompliziert und viel zu groß. Und ich bin ein viel zu glücklicher Mann.

Vielleicht sollte ich versuchen, meine Frau zu beschreiben. Ach, sie ist so vielseitig, ich weiß nicht, wo ich anfangen soll. Ich habe selten in meinem Leben einen so vielseitigen Menschen wie meine Sonja getroffen. Es ist ganz eigenartig, wo sie das alles her hat. Sie ist ein Universalgenie. Sie versucht, alles zu verstehen und sie versucht, sich in alles hineinzuversetzen und das gelingt ihr auch meistens. Sie packt alle Probleme an, die hier auf der Mainau vorkommen. Die Mainau ist eine schwierige Sache. Wenn man die Mainau nicht beherrscht, dann wird man von der Mainau beherrscht, und das kann sehr gefährlich sein. Aber ihr macht es anscheinend unerhörten Spaß und deshalb ist sie wahrscheinlich auch so erfolgreich. Dazu hat sie auch eine unerhörte Wärme, die für mich sehr wichtig ist.

Ja. Es ist eine spannende Ehe, das muss ich sagen. Sonja ist eine ganz tolle Partnerin und das ist das Schönste, dass sie eine Partnerin ist. She takes part – sie nimmt wirklich „part" an dem, was sie tut. Ihr Interesse ist enorm und es ist nicht so, dass sie es nur macht, weil es sein muss. Nein. Sie ist eine begeisterte und begeisternde Partnerin. Partnerschaft ist für mich so wichtig in einer Ehe, das kann ich gar nicht genügend unterstreichen. Dass beide Partner sich für einander interessieren und wenn sie verschiedene Interessen haben, wenigstens versuchen, sich in die Interessen des anderen Partners hineinzubegeben und ihn zu verstehen. Ich glaube, dass das außerordentlich wichtig ist."

Obwohl die Liebe den täglichen Arbeitseinsatz für die Partnerschaft fordert, lässt sie sich doch nicht ganz bestimmen, sondern behält ihr Eigenleben, entwickelt ihre eigene Gesetzmäßigkeit und überrascht mit ihrem Zauber. Genauso wenig wie sich eindeutig benennen lässt, was Liebe ist, lässt sich oft nicht mehr genau bestimmen, wann sie begonnen hat. Das gehört zu ihren Geheimnissen. Die Versuche, zu rekonstruieren, wann aus Zuneigung und Interesse für den anderen dieses „Mehr" wurde, führen selten zu einem eindeutigen Ergebnis. Man erinnert sich an erste Anzeichen, zum Beispiel dass man irgendwann gespürt hat, wie gern man mit dem anderen zusammen ist und seine Nähe sogar so oft als möglich sucht. Gräfin Sonja kann den Zeitpunkt, an dem sie sich in Graf Lennart Bernadotte verliebt hat, nicht genau festmachen. Als junges Mädchen hat sie für ihn geschwärmt, und war damit nicht allein. Alle waren von dem Prinzen damals beeindruckt, denn er war ein interessanter und eleganter Mann. An eine Begebenheit erinnert sie sich noch genau:

„Ich bin mit meiner Mutter wie so oft durch den Wald nach Konstanz gelaufen. Das waren sieben oder acht Kilometer – und da begegnete er uns mit seiner Tochter. Die beiden saßen auf ihren Pferden, er auf einem Schimmel, und ritten an einer Kiesgrube vorbei. Ich werde das Bild nie vergessen. Da ritt er also auf seinem Schimmel und musste sich, um durch ein Gestrüpp oder Gebüsch zu gelangen, ein wenig bücken. Dieses Bild habe ich immer noch vor mir. Ich habe es eigentlich immer in mir behalten, denn ich fand es so faszinierend. Dieser schwedische Prinz... Man sprach ja damals nicht von Seiner Hoheit oder von Graf Lennart, sondern von ‚dem Prinzen'. Wie der Prinz durch den Wald geritten ist, das fand ich einfach ein faszinierendes Bild."

Die Familie Bernadotte genoss am Bodensee große Hochachtung, ja, man verehrte sie sogar, vor allem den Prinzen und die Prinzessin, also Graf Lennart und Gräfin Karin. Man fand dieses Paar einfach phantastisch. Sonja Haunz war gleichaltrig mit der jüngsten Tochter der Grafenfamilie. Sie gingen zusammen zur Schule. Dadurch dass ihre Eltern auf der Mainau arbeiteten, bekam sie jedoch bald mit, dass weder die Ehe noch die Familie Bernadotte so glücklich waren, wie man sich das allgemein vorgestellt hatte. Darauf reagierte sie zunächst mit Enttäuschung. Sie schaute hinter die glänzende Fassade, ohne es eigentlich zu wollen. Wer will sich schon gern ein Traumbild zerstören lassen? Sie war ja noch ein junges Mädchen und dachte: wie schade. Alles schien so schön und so harmonisch. Da war es doch furchtbar traurig, dass es hinter den Kulissen ganz anders aussah. „Man“ sprach damals hinter vorgehaltener Hand sogar über Verhältnisse, die Graf Lennart und auch Gräfin Karin gehabt haben sollten. Der Klatsch blühte und das vertiefte ihr Unbehagen und ihre Enttäuschung darüber, dass alles ganz anders war, als sie gedacht hatte. Sie wollte nicht glauben, dass Menschen wie die beiden verehrten Bernadottes so etwas taten.

Als Graf Lennart sie dann näher an sich heranholte, hatte sie eine gewisse Scheu, sich auf Gespräche über seine Familie einzulassen. Aber zu diesem Zeitpunkt war sein Drang, sich jemandem zu öffnen, bereits sehr groß. Er musste das, was er nun schon eine ganze Weile mit sich herumtrug, einfach loswerden und hatte offensichtlich ein großes Vertrauen zu Sonja, sonst hätte er ihr bestimmt nicht so viel erzählt. Sie war knapp zwanzig und befand sich in einem heftigen Konflikt. Einerseits sagte sie zu sich selbst: „Sonny, pass auf, das ist nix, das wird gefährlich.“ Andererseits wollte sie sich den Gesprächen nicht ganz verschließen, sondern versuchen, mit ihm gemeinsam seine Situation zu reflektieren. Sie traute sich zu, ihm eine Stütze sein zu können, denn sie kannte seine Kinder, seine Frau, das gesamte Umfeld und über ihre Eltern eben auch die Mainau als außerordentlich schwierigen Betrieb, was die Atmosphäre betraf.

Hier kamen wieder ihre Hilfsbereitschaft und ihr besonderes Verantwortungsgefühl zum Tragen – Eigenschaften, die sie schon als Kind ausgezeichnet hatten. Den Zwiespalt zwischen dem Helfenwollen und der Vorsicht entschied sie, wie so oft in ihrem Leben, zugunsten der Hilfsbereitschaft. Man erinnere sich nur an das zweieinhalbjährige Kind, das die Traurigkeit der Mutter über die Abwesenheit des Vaters nicht länger mit ansehen konnte und deshalb auszog, den Vater zu suchen. Von diesem Kind steckt noch heute sehr viel in ihr. Ihr Einfühlungsvermögen ist außergewöhnlich ausgeprägt und hoch entwickelt, genau wie ihre Bereitschaft und Fähigkeit des Mitleidens, allerdings immer unter dem Aspekt des Helfenwollens, des Agierens. Sie konnte und kann niemals nur Zuschauerin sein, sondern wird stets zur aktiv Handelnden. Und sie erkennt schnell, worin ihr eigener Beitrag bestehen kann und soll. „Man muss die Fähigkeiten nutzen, die man hat", dieser Satz, der einmal fast beiläufig im Gespräch fiel, ist so etwas wie ein Lebensmotto für sie. Er beinhaltet auch eine klare und realistische Einschätzung der eigenen Talente. Daraus konnte sie stets ableiten, wo ihre Stärke in Bezug auf die jeweilige Angelegenheit lag und wo sie demzufolge eingreifen sollte. Außerdem war und ist sie offen für die Signale von außen. In dem Moment, in dem ihr jemand etwas zutraute – sei es der Vater, der sie auf die Mainau lockte, oder der Graf, der sie zum Sprachenlernen in die Welt hinausschickte und 1969 als seine Assistentin auf die Mainau zurückholte – wusste sie, dass sie das Gegenüber nicht enttäuschen durfte und würde. Und es hatte schließlich etwas zu bedeuten, dass Graf Lennart in Hinblick auf seine familiären Schwierigkeiten gerade ihr ein derartiges Vertrauen entgegenbrachte. Sie hoffte, in seiner Angelegenheit etwas Positives bewegen zu können, wenn er sich gerade ihr so öffnete. Sehr lange Zeit war sie vor allem von diesem Gedanken getragen. Gleichzeitig war sie auf der Hut. Sie hatte sich die Maxime auferlegt, keinem Gefühl der tieferen Zuneigung nachzugeben, obwohl es sich gerade entwickelte bzw. sich schon längst aufgebaut hatte. Sie verhielt sich allerdings nicht nur zurückhaltend, sondern vermittelte ihm auch, warum sie es tat. Sie teilte ihm ganz offen mit, was sie dachte und wie sie empfand.

Irgendwann jedoch passierte es einfach: Plötzlich war eine Situation da, in der ihr Graf Lennart gestand, dass er sich sehr freuen würde, wenn sie beide zusammenhielten. Er fragte sie, ob sie sich das vorstellen könnte und ihre erste innere Reaktion, die sie aber diesmal nicht äußerte, war: „O Gott, ausgerechnet ich. Es wird ja doch nichts. Es ist ja doch nur ein Verhältnis, was dann irgendwann zu Ende geht."

Die Zweifel blieben. Während ihrer Ausbildung glaubte sie immer wieder, sich trennen zu müssen, um einen anderen Weg zu gehen. Noch standen sowohl der große Altersunterschied als auch die verschiedene Herkunft und seine familiären Bindungen als letztlich unüberwindliche Hindernisse zwischen ihnen. Sie forderte ihn auf, zu seiner Familie zurückzugehen und ihr einfach nur zu helfen, einen guten Job zu finden. Sie redete sich ein, dass sie damit zufrieden gewesen wäre. Mehrfach versuchte sie, sich wieder aus dieser Affäre herauszuziehen, die längst eine Beziehung geworden war, aber er wollte das absolut nicht. Immer wieder versicherte er ihr, dass er es ernst meinte. Er wollte wirklich, dass aus ihnen beiden ein Paar würde.

Gräfin Sonja erinnert sich genau: „Ich hab dann immer nur gesagt: Weißt du, Du kannst doch deine Familie und alles, was damit verbunden ist, nicht einfach zur Seite schieben. Das geht doch nicht. Vier Kinder! Nun waren die zwar alle erwachsen – ich bin ja gleichaltrig mit der jüngsten Tochter – und hatten auch schon eigene Familien. Also, ich bin in keine Beziehung eingedrungen, wo kleine Kinder gelitten hätten, aber trotz alledem war es für seine Kinder aus erster Ehe natürlich ein Schock.“

Es war insgesamt eine konfliktreiche Zeit für alle Beteiligten. Darüber gibt es eine Korrespondenz zwischen ihr und Graf Lennart. Er schrieb ihr, dass er sie und ihre Bedenken und Vorbehalte gut verstehe, jedoch trotzdem wolle, dass sie zusammenbleiben. „Ich liebe dich einfach. Ich werde das Problem lösen, ich werde dich heiraten“, hieß es in seinem Brief. Sonja blieb dennoch skeptisch, empfahl ihm, so etwas nicht zu versprechen, denn sie war der festen Auffassung, er würde das nicht schaffen und fragte ihn: „Was soll ich als deine jahre-, jahrzehntelange Geliebte?“ Die Dinge nahmen jedoch ihren Lauf – es gehört zu den Geheimnissen der Liebe, dass sie irgendwann ihre Eigengesetzlichkeit entwickelt, vor der man kapitulieren muss, und so erkannte Sonja Haunz, dass der Point of no Return überschritten war, dass sie nicht mehr zurück konnte und auch nicht mehr zurück wollte.

Damals erhielt sie auch bereits einen ersten Vorgeschmack auf ihre Zukunft als Gräfin Sonja, was das öffentliche Interesse betraf. Bis zu diesem Zeitpunkt war sie eine junge Frau gewesen, deren Leben für die Medien natürlich nicht von Interesse war. Als die Scheidung von Graf Lennart und Gräfin Karin lief, entstanden nach und nach die ersten Gerüchte, die über die Mainau hinaus an die Öffentlichkeit drangen. Schließlich passierte etwas, das nachträglich betrachtet, gar nicht so schlimm war, aber damals für Sonja einen ungeheuren Affront bedeutete, über den sie sich maßlos aufregte. Sie begleitete Graf Lennart auf einer Reise nach Frankreich zu einem Weingut. Ein schwedischer Journalist und seine Frau waren ebenfalls dabei. Der Reporter schoss Fotos, die alle schön und lustig fanden. Kurze Zeit später erschien er zu einem Abendessen mit einem Riesen-Rosenstrauß für Sonja, was sie stutzig machte. Ihr Misstrauen war nicht grundlos gewesen. Es stellte sich heraus, dass er die Fotos veröffentlicht hatte, zusammen mit einem Bericht, indem er ihr Geheimnis lüftete – ausgerechnet im Expressen, der schwedischen Bild-Zeitung. Sie war nicht nur wütend, sondern enttäuscht über den Vertrauensbruch. Graf Lennart beruhigte sie, indem er ihr sagte, irgendeiner hätte es sowieso irgendwann geschrieben. Er verteidigte den Journalisten sogar und gab zu bedenken, dass dieser großen Ärger in seiner Redaktion bekommen hätte, wenn man dort erfahren hätte, dass er mit dem Paar unterwegs gewesen war, ohne etwas darüber zu berichten. Sonja hatte damals jedoch kein Verständnis für dieses Verhalten. Natürlich war Graf Lennart auf Grund seiner langjährigen Erfahrungen viel gelassener im Umgang mit den Medien. Er betrachtete es vor allem als taktische Frage: War diese Enthüllung jetzt klug oder war sie nicht klug? Er entschied, dass sie klug war, denn sie waren sich ja einig, dass sie den weiteren Weg zusammengehen wollten. Also musste so etwas passieren. Irgendwann würde die Öffentlichkeit ohnehin aufmerksam werden.

Der Artikel bedeutete zunächst einmal den Start einer Hetzjagd, auf die sich Sonja Haunz jedoch erstaunlich schnell einstellte. Sie wurde von einigen Blättern regelrecht „runtergeschrieben“ als diejenige, die in eine Ehe eingedrungen sei und eine Menge Unordnung gestiftet hätte. Graf Lennart stand ihr zur Seite und erklärte: „Du musst nur jetzt Geduld haben, wir werden nichts dementieren, wir werden überhaupt nichts in irgendeiner Form beschönigen, sondern wir lassen das einfach laufen. Die sollen sich jetzt einfach ausschreiben, denn die kommen an uns nicht vorbei.“

Und genau so war es dann auch. Berichte dieser Art hörten mit der Heirat schlagartig auf. Stattdessen wurde auf die Schwangerschaft gewartet, die ja zum Leidwesen der Yellow Press auf sich warten ließ. Es dauerte zwei Jahre, bis das erste Kind geboren war. Nun apostrophierte man Sonja als nette süße junge Gräfin, die in einem Schloss wohnte und wahrscheinlich ein Kind nach dem anderen bekommen würde. Man stürzte sich mit Wonne auf eine romantische Märchengeschichte, und Gräfin Sonja gibt zu, dass es sie nicht nur genervt hat, sondern dass sie es auch ein bisschen genossen hat, jedenfalls am Anfang. Bald fand sie jedoch, die Journalisten könnten eigentlich auch einmal etwas über ihre Arbeit schreiben.

In kritischen Situationen ergänzten sich Sonja Haunz und Graf Lennart hervorragend: Sie war die Spontane und Entscheidungsstarke, er war der Gelassene und Sichere. Ihr war die Entscheidung, ein neues Leben zu beginnen, zu verdanken. Sie hat ihn niemals gedrängt, seine erste Familie zu verlassen, aber sie bestand schließlich auf einer Klärung. Nachdem er ihr immer wieder versichert hatte, dass er mit ihr eine gemeinsame Zukunft plante, wollte sie auch sichtbare äußere Zeichen. Ihre Beziehung sollte nicht mehr länger im Unklaren bleiben, sondern durch eine Lösung auch für die Umgebung deutlich werden. Sie wollte nicht noch länger im Vagen leben. Dann lieber eine Entscheidung, die gegen sie ausfiel, als überhaupt keine. Diesen Druck empfand Graf Lennart sicher manchmal als unangenehm, aber darauf nahm sie keine Rücksicht. Der Kampf um eine endgültige Klarheit bedeutete noch einmal eine Hürde, die

Frühlingsball auf der Mainau am 6. Mai 1972: Graf Lennart stellt seine Ehefrau Gräfin Sonja vor

es zu überwinden galt. Nachdem sie 1969 als Graf Lennarts Assistentin auf die Mainau zurückgekommen war, ballten sich in der Familie Bernadotte die Probleme. Eine treibende Rolle spielte dabei, ohne es zu wollen, der Sohn, Graf Jan, der seinen Vater schon oft enttäuscht hatte. Er war einige Male von der Mainau weggegangen und dann zurückgekehrt. Man hatte mehrfach versucht, ihn dort einzubinden, wobei sowohl Sonja als auch ihr Vater mitgeholfen hatten, aber er stieg immer wieder aus. Diesmal wollte er die Mainau verlassen, weil er eine reiche Frau geheiratet hatte und damit unabhängig war. Graf Lennart ging es schlecht, er litt unter dem verantwortungslosen Verhalten seines Sohnes, hatte rasant abgenommen und sah im Gesicht ganz grau aus. Sonja war erschrocken und wusste sofort, dass sie sich für eine Weile zurücknehmen und ihre eigenen Probleme hinten anstellen musste. Gleichzeitig war ihr ganz klar, dass sie Graf Lennart jetzt nicht mehr allein lassen konnte.

Sie heirateten am 29. April 1972, die standesamtliche Trauung fand im Büro des Grafen auf der Mainau statt. Eine Woche später wurde Sonja Haunz auf dem Frühlingsball als Gräfin Sonja Bernadotte vorgestellt.

Im Juni 1972 trat Graf Lennarts Sohn Jan erneut vor den Traualtar – die vor wenigen Jahren geschlossene Ehe war längst wieder geschieden – im September sollte sein Kind zur Welt kommen, aber zwischendurch lernte er eine andere Frau kennen und schlug seiner Frau die Scheidung vor, während sie im Wochenbett lag. Das war für alle ein Schock, Graf Lennarts Traurigkeit über den Sohn verwandelte sich in Zorn. Er warf ihn in hohem Bogen hinaus und entschied: „Jetzt hast du auf der Mainau wirklich nichts mehr zu suchen." Danach herrschte jahrelang Funkstille. Graf Lennart und Gräfin Sonja unterstützten seine geschiedene Frau, denn Graf Jans finanzielle Situation war katastrophal, er hatte zu dieser Zeit nur Schulden. Sie hatten ihm ursprünglich das Angebot unterbreitet, zusammen mit seiner Frau auf der Mainau mitzuarbeiten und wollten ihm helfen, seine Schulden abzubezahlen. Aber Graf Jan wollte sich nicht einordnen. Es gab keine Arbeit, die ihn interessierte und für die er ein Engagement aufgebracht hätte. Eigentlich hatte er wohl am liebsten von Anfang an privatisieren wollen.

Die Beziehung von Gräfin Sonja und Graf Lennart hatte also weiterhin Belastungsproben von außen zu bestehen, die mit ihnen selbst unmittelbar gar nichts zu tun hatten. Die Sorgen um die Kinder aus der ersten Ehe standen an der Spitze. Dem Paar war es nicht vergönnt, sich nur um sich selbst zu kümmern, aber das hätte Gräfin Sonja als einer Frau, die ihre Umgebung mitdenkt und ihre Belange mitträgt, ja sowieso nicht entsprochen. Rückblickend bringt sie es auf eine einfache Formel: „Ich habe gefunden, ich kann mich da sicherlich in jeder Hinsicht einbringen und etwas Gutes bewirken. Das habe ich dann ganz einfach auch getan."

Während die Zeit der Eheschließung für Gräfin Sonja manchmal von emotionalen Wechselbädern bestimmt war, war ihre Vorstellung von der Ehe von Anfang an sehr klar, geprägt durch das Vorbild der guten Beziehung ihrer Eltern. Gräfin Sonja erzählt:

„Meine Eltern haben eine zauberhafte Ehe geführt. Für meine Mutter kam an erster Stelle mein Vater – das war natürlich auch durch ihre Trennung während seiner Kriegsgefangenschaft bedingt – dann kam erst mal nichts, und dann kamen erst die Kinder. Ich habe schon als Kind sehr genossen, dass da so eine harmonische Einheit zwischen den Eltern besteht. Ich glaube, das hat auch meine eigene Einstellung zur Partnerschaft geprägt. Die habe ich in vielen Diskussionen mit Graf Lennart formuliert. Ich wollte nämlich viele Kinder haben, und er wollte gar keine Kinder mehr haben. Er sagte, er habe das alles schon einmal durchgemacht, das sei genug. In dem Moment, als die Kinder auf der Welt waren, habe er überhaupt keine Rolle mehr gespielt. Es gab für seine Frau nur noch die Kinder. Das wollte er nicht noch einmal erleben. Da hab ich ihm dann erzählt, wie

Die junge Gräfin

meine Eltern das gehandhabt haben und dass ich mir unser Leben ganz genau so vorstelle, was die Position der Kinder im Verhältnis zu den Eltern angeht. Das hat ihn dann überzeugt. Für mich wäre eine Ehe ohne Kinder ohnehin kein Thema gewesen. Aber für ihn war es offensichtlich ein absoluter Schreckgedanke, nach der Geburt des ersten Kindes wieder einmal zur Seite geschoben zu werden."

Mit großer Spannung wartete Gräfin Sonja darauf, wie die Bekanntgabe ihrer Verbindung und damit das öffentliche Bekennt-

Im Mainauer Schlosspark 1972

nis ihrer Liebe auf der Mainau aufgenommen wurde. Wie würden sich die Mitarbeiter zu ihr einstellen? Sie war auf alles gefasst, nachdem sie im Vorfeld eine Menge Ablehnung, Missbilligung und Neid gespürt hatte – Gefühle, denen nicht nur sie selbst ausgesetzt war, auch ihre Eltern hatten viel einstecken müssen. Natürlich ahnten Anita und Wolfgang Haunz schon früh, dass sich da etwas Besonderes zwischen Graf Lennart und ihrer Tochter entwickelte, aber sie fragten niemals. Sie hielten einfach still und nahmen diejenigen Informationen entgegen, die ihnen Sonja geben wollte, und die waren sehr mager. Nach eingehender Beratung mit Graf Lennart hatte sie sich entschieden, die Eltern vorerst nicht einzuweihen. Wenn sie es ihnen nämlich offiziell gesagt hätte, dann hätten sie es auch offiziell zur Kenntnis nehmen müssen, und damit wäre ihre Situation völlig verändert gewesen. Sie hätten auf Fragen nicht mehr antworten können: „Sie haben vielleicht Recht mit ihrer Vermutung, aber wir wissen es nicht. Unsere Tochter ist erwachsen, sie ist volljährig. Also, wir können nichts dazu sagen, weil wir es einfach nicht wissen."

Gräfin Sonja hatte schon in ihrer Kindheit gelernt, diskret mit Menschen umzugehen, besonders mit Menschen, die ihr nahe standen. Auf engem Raum ist es absolut notwendig, den anderen in seiner Eigenart zu respektieren und ihm nicht zu nahe zu treten. Dazu gehört manchmal eben auch, die Dinge, die man weiß, nicht auszusprechen. Der andere muss die Chance haben, über Angelegenheiten, über die er nicht reden will, zu schweigen. Mit dem Aussprechen schafft man eine neue Realität. Ein einmal gefallenes Wort, ein einmal geäußerter Satz lässt sich nicht wirklich wieder zurücknehmen.

Gräfin Sonja hat ein sehr subtiles Gespür und ein differenziertes Unterscheidungsvermögen entwickelt, welche Dinge man unausgesprochen lassen sollte und welche man aussprechen und dann auch bearbeiten muss, weil sie in geäußerter Form eine Konsequenz fordern. Die Diskretion, die hier geübt wurde, entsprang der Achtung gegenüber den Eltern, und die reagierten mit Vertrauen, stillschweigendem Vertrauen, und das ist nicht gleichbedeutend mit Sprachlosigkeit. Diese harte Zeit war schon eine Vorbereitung auf das, was Sonja nach der Eheschließung erwarten würde.

Das Jahr 1972 bedeutete für Sonja Haunz, die nun Gräfin Sonja Bernadotte geworden war, vor allem einen Perspektivwechsel. Bisher hatte sie sozusagen von der anderen Seite auf ein Leben geschaut, das sie sich einerseits phantastisch vorstellte, dessen Schattenseiten sie jedoch kannte. Sie wusste also von Anfang an ziemlich genau, was sie verändern wollte und auch verändern würde. Mit Graf Lennart war sie sich weitgehend darüber einig, er setzte in ihre Persönlichkeit großes Vertrauen. Es gab nur ganz wenige Punkte, bei denen er sagte: „Das kannst du zwar so machen, wenn du es für richtig hältst, aber erwarte nicht, dass ich dir dabei helfe.“ Das waren dann die etwas schwierigeren Situationen für sie, aber davon gab es nicht viele. Sie erlebte eher positive Überraschungen. Sie hatte mit deutlich mehr Widerstand gerechnet, mit Ressentiments, mit abwartendem Verhalten, unter dem Motto: Wie macht sich denn jetzt die neue Gräfin? Aber die Mainauer waren von einer Leichtigkeit im Aufeinanderzugehen, die sie selbst beflügelte. Auch diejenigen, die sie als Sonja Haunz nicht gerade zuvorkommend behandelt hatten, versuchten nun, in irgendeiner Weise einen Konsens mit ihr zu finden. Manche taten es ganz offen, andere versteckt, fast ein bisschen hinterhältig, aber innerhalb eines Jahres hatte sie alle mehr oder weniger auf ihrer Linie. Es gab einige Mitarbeiter, die zugaben, dass sie um ihren Arbeitsplatz gebangt hatten. Sie gestanden ihr: „Wir haben gefürchtet, dass Sie uns sofort entlassen, wenn Sie mit Graf Lennart verheiratet sind, weil es ja wirklich nicht leicht für Sie war.“ Überrascht war sie, dass einige regelrechte Angst vor ihr hatten. Das klärte sie, indem sie den Konflikt deutlich ansprach und ihren Mitarbeitern versicherte: „Ich bin nicht gekommen, um irgendwelche alten Rechnungen zu begleichen, sondern ich möchte nach vorne. Ich möchte, dass das Unternehmen floriert und ich möchte, dass es euch allen, uns allen gut geht. Mir liegt viel an einem guten Mainau-Team.“

Ein Aufrechnen der Vergangenheit oder nachträgliche Rachefeldzüge für erlittenes Unrecht lagen ihr fern, ihre geballten Energien waren auf die Zukunft gerichtet. Sie wollte etwas Gutes für die Mainau bewirken und die Schwachstellen, die sie klar erkannt hatte, nach Möglichkeit ausgleichen. Das bedeutet natürlich mühselige Kleinarbeit. Was die Unternehmenskultur betraf, so herrschten enorme Defizite. Während der Jahre der Unentschiedenheit hatte sich eine Art ausgefuchster Hofstaat gebildet, mit allen negativen Erscheinungen, die man sich nur vorstellen konnte. Es gab Intrigen ohne Ende. Niemand konnte in Urlaub gehen, ohne zu riskieren, dass an seinem Stuhl gesägt wurde. Das betraf sogar die Führungspositionen. Unterschwellige Feindschaften, Klatsch und Opportunismus bestimmten das Klima – Verhaltensweisen, die Gräfin Sonja zutiefst ablehnte und die zu geradezu grotesken Situationen führten. Mitarbeiter nahmen ihr gegenüber eine devote Position ein, während sie sich gleichzeitig anderen Kollegen gegenüber autoritär und diktatorisch verhielten. Sie redeten um den heißen Brei herum oder äußerten sich völlig konträr zu ein und derselben Angelegenheit, um Gräfin Sonja zuzustimmen und um ihr das zu bestätigen, was sie vermutlich hören wollte. Dieses angepasste Verhalten mit ständigem Kalkül, um negative Konsequenzen zu vermeiden, war ihr zutiefst zuwider und sie reagierte prompt, indem sie sagte: „Das können Sie genauso gut bleiben lassen, denn ich kenne Sie doch. Ich weiß doch, wie Sie sich in gewissen Konfliktsituationen verhalten. Jetzt machen Sie mir doch nix vor, lassen Sie´s doch endlich raus, denn dann kann ich wenigstens etwas damit anfangen. Mit Ihren verbogenen Äußerungen kann ich das nicht."

Die anstrengendste Kleinarbeit bestand für sie also zunächst darin, den Menschen klarzumachen, Sonja Haunz steckt immer noch in Gräfin Sonja Bernadotte und hat sich nicht verändert. Sie hat zwar einen anderen Namen angenommen, und – mit voller Konsequenz – eine andere Position eingenommen, aber innerlich hat sie sich nicht gravierend verändert. Ihr Ziel ist es immer gewesen, sich weiter zu entwickeln und sie würde das natürlich im Rahmen dieser neuen Aufgabe tun, aber davon sollte ihre Einstellung zu anderen Menschen nicht berührt werden. Als sie anfingen, sie jetzt „Ihre Hoheit" zu nennen, weil Gräfin Karin ja unbedingt „Ihre Hoheit" genannt werden wollte, wehrte sie sich entschieden dagegen. Sie erklärte ihnen: „Ich war keine Hoheit und ich werde auch keine Hoheit, also, wenn ihr mich ‚Gräfin Sonja' nennen wollt, dann finde ich das sehr schön und freue mich."

Graf Lennart hatte zu diesem Zeitpunkt im Zuge der familiären Querelen eigentlich längst die Lust am Unternehmen verloren. Er hatte viele Kompetenzen an seinen Gartendirektor delegiert, der damals als graue Eminenz der eigentliche Herrscher über die Mainau war. Eine Weile trug er sich sogar mit dem Gedanken, das Unternehmen zu verkaufen, mit Gräfin Sonja in die Provence zu ziehen und ein ganz neues Leben zu beginnen. Aber davon wollte sie absolut nichts wissen. Für einen Moment erschien ihr der Gedanke zwar auch reizvoll, aber sie wusste, dass es unmöglich war und sagte ihrem Mann: „Das kannst du nicht machen. Du kannst die Mainau nicht verkaufen. Das ist dein Lebenswerk. Wenn du das aufgibst, wirst du eingehen. Du wirst daran kaputtgehen." Liebe bedeutete für sie von Anfang an, Verantwortung für den Partner zu übernehmen und ihn in dem, was seine Persönlichkeit ausmachte, zu unterstützen. Sie kannte ihren Mann zu gut, als dass sie dieser Versuchung, die ganz einfach der aktuellen verworrenen familiären Situation entsprang, nachgegeben hätte. Sie wusste, dass er es später bitter bereuen würde. Außerdem war sie selbst ein Kind der Mainau, seit ihre beiden Eltern auf der Insel arbeiteten und konnte sich ein Leben ohne die Mainau nicht vorstellen. Also krempelten sie gemeinsam die Ärmel hoch und sagten: „So, jetzt gibt es eine neue Philosophie und vor allem eine neue Unternehmenskultur." Deren Aufbau kostete viel Kraft. Die beiden getrennten Unternehmensteile, Graf Lennarts Verwaltung und Gräfin Karins Gastronomie, die zum Teil gegeneinander gearbeitet hatten, wurden zusammengeführt. Jetzt gab es nur noch ein Unternehmen, das aus verschiedenen Abteilungen bestand und nun von den beiden zusammengeführt wurde. Der partnerschaftliche Einsatz für eine gemeinsame Aufgabe, die Mainau, war von Anfang an ein wesentlicher Bestandteil ihrer Beziehung. Graf Lennart begann sofort damit, seine Frau in relevante Entscheidungsprozesse einzubeziehen und offen zu sagen, er müsse es erst mit Gräfin Sonja besprechen, schon lange bevor sie 1981 Geschäftsführerin geworden war.

Zu Hause am Kamin Anfang der 70er Jahre

Während der ersten Jahre ihrer Ehe war sie ja offiziell noch seine Assistentin. Graf Lennart hatte das Unternehmen Mainau patriarchalisch geführt, und nun begann eine Frau immer stärker Einfluss zu nehmen, die zugleich ihre Familie aufbaute. Sie wurde schnell zum Vorbild einer neuen modernen Art der Unternehmensführung. Den Familiengedanken übertrug sie von Anfang an auf das gesamte Unternehmen und wurde darin von ihrem Mann bestärkt. Wie in der Kleinfamilie sollte auch im großen Rahmen ein Zusammengehörigkeitsgefühl entwickelt werden, die Mitglieder bzw. Mitarbeiter sollten sich mit der Mainau identifizieren und ein Verantwortungsgefühl entwickeln. Das war ihr Ziel. Die Mittel, mit denen sie es umsetzte, waren vor allem Kommunikation und Einfühlungsvermögen. Dabei kam ihr die langjährige Kenntnis vieler Mitarbeiterinnen und Mitarbeiter zugute. Sie wusste in den meisten Fällen ziemlich genau, wo deren Fähigkeiten lagen und wie sie sie zur Entfaltung bringen konnte.

Das Grafenpaar Ende der siebziger Jahre

Gräfin Sonja resümiert: „In diesen Jahren als Assistentin habe ich richtig gepowert. Ich habe nebenher alle Kinder gekriegt, eins nach dem andern, 1982 das letzte. Als Assistentin habe ich sozusagen gleich nebenher die Familie aufgebaut. Die ersten zwei Kinder sind nur fünfzehn Monate auseinander. 1974 ist die Bettina geboren, 1975 der Björn, 1977 die Catherina, 1979 der Christian und 1982 die Diana. Also, da war ich hauptsächlich mit Kinderkriegen beschäftigt. Zwischendurch war noch der 70. Geburtstag von Graf Lennart, den ich mehr oder weniger ganz alleine organisiert habe. Und so hat sich das Ganze ziemlich schnell zu einer umfangreichen Aufgabe ausgewachsen. Ich denke, durch diese konsequente und sehr schnelle Familiengründung habe ich mir natürlich auch eine unerhörte Achtung eingeholt, weil ja alle gemerkt haben, was das an Energie verlangt."

Durch das, was sie schon seit langem mit der ersten Familie erlebt hatte, fürchtete sie allerdings schon von Anfang an, dass irgendwann in der Zukunft um die Mainau gestritten werden könnte. Was würde geschehen, wenn die Kinder aus erster Ehe Ansprüche anmeldeten? Sie gab ihrem Mann zu bedenken: „Eins musst du wissen, ich werde immer für die Mainau arbeiten und mit der Mainau arbeiten, aber ich werde mich nicht einen Moment um sie streiten. Wenn es Erbstreitigkeiten gibt, bin ich weg."

Ihre Liebe zu ihrem Mann galt nicht nur seiner Person, sondern auch seinem Lebenswerk – ganz im Sinne des von ihm so geschätzten Partnerschaftgedankens. Die Existenz dieses überaus wertvollen Lebenswerks sollte gesichert sein. Sie wollte nicht das Risiko eingehen, dass die Mainau in ihrer ganzen Komplexität, die sie als Einheit betrachtete, irgendwann in einzelne Teile zersplittert werden würde. Es war eine große Aufgabe, aber indem sie die Verbindung mit Graf Lennart eingegangen war, fühlte sie sich für die Mainau mitverantwortlich. Sie wollte sie vor Zugriff und Aufteilung schützen. Wie konnte man sie sichern für die Zukunft? Es gab viele Gespräche mit Fachleuten, besonders hilfreich zeigte sich der damalige Bundesinnenminister Paul Lücke, der ein Freund der Familie Bernadotte war. Er sah ganz klar, dass die Mainau gefährdet wäre, wenn nur eins der Kinder Ansprüche erheben würde, und empfahl: „Es gibt für euch nur eine Lösung, und das ist eine Stiftung. Macht aus der ganzen Mainau eine Stiftung. Sonst könnt ihr sie nicht absichern." Die Mainau als Gesamtes hatte zwar einen hohen Wert, aber wenn irgendeiner beispielsweise ein Gemälde, ein anderer einen Teil des Tafelsilbers oder Porzellans und wieder ein anderer ein Stück des Waldes beanspruchte, wäre sie am Ende. Eine Erbsplitterung würde das Lebenswerk Mainau zerstören.

Graf Lennart ist noch heute froh über die Initiative seiner Frau: „Wenn die Mainau in einen Erbgang käme, wäre sie in zwei, drei Jahren kaputt. Das ist ja klar. Und das geht jetzt nicht.

Die Mainau ist jetzt eine Einheit, ein Unternehmen und kann nicht auseinander gezogen werden. Sonny war die Allererste, die dafür gekämpft hat, was ganz toll ist von ihr, denn sie hat ja damit sozusagen abgedankt. Vollkommen verzichtet."

Man folgte dem Rat des Freundes Paul Lücke und ließ sich von einer Hamburger Steuerberatungsfirma ein Modell entwickeln, nach dem die Stiftung dann realisiert wurde. Die Konstruktion wurde so angelegt, dass die Handlungsmacht in den Händen der Familie Bernadotte liegt. Gräfin Sonjas Vater war bei der Erarbeitung der Satzung maßgeblich beteiligt. Damit war zwar ein erster Schritt getan, aber der schwierigste lag noch vor ihnen, denn die Kinder aus erster Ehe mussten sich mit dieser Lösung einverstanden erklären.

In Gräfin Sonjas Schilderung schwingt heute noch Bewunderung für diese Leistung ihres Mannes mit: „Es war wohl der größte Husarenstreich meines Mannes, die Kinder aus erster Ehe zur Unterschrift zu bewegen. Sie mussten ja alle damit einverstanden sein, dass das gesamte Vermögen der Mainau in eine Stiftung eingebracht wird, womit wir ja alle mit einem Schlag enterbt waren. Graf Lennart und ich hatten ja damals nur ein Kind, Bettina war 1974 gerade geboren. Er ist zu seinen Kindern aus erster Ehe gegangen, hat jedem Einzelnen sein Vorhaben mitgeteilt und erklärt: ‚Das bedeutet, dass ihr nichts erben könnt, aber Sonja kann auch nichts erben. Und eventuelle Kinder aus meiner zweiten Ehe können auch nichts erben.‘ Da haben sie sofort unterschrieben, alle vier. Unter Beratung ihrer Ehepartner. Alle haben gesagt, okay, wenn die zweite Familie auch nichts erben kann, dann machen wir es. Und damit stand die Stiftung. Das war unser allergrößter Erfolg."

Er habe es keine Minute bereut, sagt Graf Lennart heute nach dreißig Jahren und fügt schelmisch hinzu: „Manchmal ist es sogar ein gutes Gefühl, in gewissen Konfliktsituationen sagen zu können: Ja, aber die Mainau gehört uns nicht. Ätsch."

Am 13. Dezember 1974 wurde die Lennart-Bernadotte-Stiftung offiziell eingerichtet. Gräfin Sonja erinnert sich in diesem Zusammenhang an ein komisches Erlebnis mit der Presse: „Wir hatten zu einer Pressekonferenz eingeladen und es hatte sich sicher rumgesprochen, dass ich wieder schwanger war. Zum Pressetermin, bei dem wir die Stiftung bekannt geben wollten, erschienen bei weitem nicht so viele Journalisten, wie wir eigentlich erwartet hatten. Dann hörte unser damaliger Pressechef aus einigen Kollegenkreisen, was dort getuschelt wurde: ‚Also, wenn die jetzt glauben, dass wir da hingehen, bloß damit die uns sagen, dass die Frau wieder schwanger ist, so was Blödes.' Ich hab mich dann gefragt: Wofür halten die uns eigentlich? Nun muss man ja sagen, die Heirat und das erste Baby waren natürlich in der Yellow Press hochgejubelt bis zum Gehtnichtmehr, was mich persönlich eigentlich eher gestört als erfreut hat. Vor allem war ich enttäuscht, dass nie über meinen Einsatz für die Mainau berichtet wurde. Das interessierte niemanden. Sie haben mich nur als süße junge Gräfin wahrgenommen, die mit einem ziemlich alten Grafen verheiratet war und nun ein Kind nach dem anderen kriegte. Deshalb glaubten sie auch, wir fänden meine Schwangerschaft so wichtig, dass wir deshalb zur Pressekonferenz einluden."

Auf der Pressekonferenz wurde bekannt gegeben, dass es sich bei der Lennart-Bernadotte-Stiftung um eine privatrechtliche Stiftung mit eigener Rechtspersönlichkeit handelt, die ausschließlich gemeinnützige Ziele verfolgt. Heute beinhaltet sie all das, was Graf Lennart und Gräfin Sonja an ideellen Initiativen und Einrichtungen aufgebaut haben. Zu den Aufgaben der Stiftung gehören die Förderung des Erfahrungsaustauschs zwischen Forschern und Studenten aus aller Welt, die sich jedes Jahr im Rahmen der Nobelpreisträgertagung in Lindau treffen. Ein weiteres Ziel besteht in der Förderung der Landespflege, besonders der Deutschen Gartenbau-Gesellschaft und des Deutschen Rats für Landespflege auf der Grundlage der aus dem Jahr 1961 stammenden „Grünen Charta von der Insel Mainau". Die Stiftung veranstaltet auch die „Mainauer Gespräche", in denen sich Politiker, Wissenschaftler, Wirtschaftsvertreter und Journalisten über aktuelle soziale und ökologische Probleme austauschen. Sie unterstützt ferner die Aktivitäten des Europäischen Kulturforums Mainau, bietet Fortbildungsseminare für Lehrer an und richtet die „Internationalen Mainauer Jugendspiele" unter dem Motto „Wege zur Naturerziehung" aus. Zuletzt wurde der Verein „Gärtnern für Alle" in die Stiftung aufgenommen.

Von der Einrichtung der Lennart-Bernadotte-Stiftung waren 1974 nicht alle so begeistert wie Graf Lennart und Gräfin Sonja. In der Gemeinde Konstanz wurde gemunkelt, man habe sie nur ins Leben gerufen, um Steuern zu sparen. Bestimmt sei irgendein Trick dahinter. Gräfin Sonja hat das damals fast ein wenig weh getan. Sie war dreißig Jahre alt, hatte sich eigentlich gerade selbst enteignet und fand es ziemlich ungerecht, dass die Leute in dieser Weise darüber sprachen. Graf Lennart ging wieder einmal gelassener mit den Reaktionen von außen um. Er wusste, dass die Leute im Allgemeinen eher misstrauisch waren und sagte, man könne sowieso nicht mehr tun, als kontinuierlich über die Aktivitäten der Stiftung zu informieren. Es wäre jetzt ganz falsch, den Mut und die Freude daran zu verlieren. Letztendlich war die Stiftungsidee aufgetaucht, um sein Lebenswerk zu sichern, nun war er froh, sie realisiert zu haben. Das Gefühl der Freude und Erleichterung hält heute, dreißig Jahre nach Installierung der Stiftung, auch bei Gräfin Sonja noch an: „Man stelle sich doch bloß den ersten Erbgang nach Graf Lennart vor: neun Kinder, bis jetzt dreizehn Enkel und fünfzehn Urenkel. Die Mainau wäre leer. Die Stiftung segne ich jede Sekunde meines Lebens. Ich wüsste sonst gar nicht, wie alles laufen sollte."

Die Mainau – Blumeninsel der Begegnungen

„Ich bin reif für die Insel" – eine Redensart, die man in unserer Zeit immer häufiger zu hören bekommt. Der Insel wird all das zugeschrieben, was man in seinem Alltagsleben nicht hat. Ja, Alltag und Insel scheinen irgendwie nicht zusammenzupassen. Die Insel ist niemals das Alltägliche, sondern immer das Besondere, der Sonderfall im Zusammenspiel zweier Elemente: ein Stück Erde im Wasser. Nicht selten dienten Inseln als Zufluchtsstätten, auf denen man Schutz, Ruhe und Geborgenheit suchte. Genauso oft jedoch waren sie Stätten der Verbannung. Seneca, Gräfin Sonjas Lieblingsphilosoph, von dem sie immer ein Buch mit sich trägt, war acht Jahre lang auf Korsika verbannt, l'Ile de Beauté, die Insel der Schönheit, die zu seiner Zeit – er lebte dort von 41 bis 49 nach Christi – allerdings ein eher unwirtlicher Ort war. Zunächst arrangierte er sich mit der Situation, indem er die Verbannung als bloßen Ortswechsel betrachtete, der letztlich für ihn ohne Bedeutung sein würde, weil es für einen freien Geist keine Verbannung gab. Dann schrieb er Begnadigungsgesuche, die erfolglos blieben. Vielleicht gehen einige der später in Rom niedergeschriebenen Grundmaximen der Philosophie des Stoikers Seneca, sein „Lebe jetzt!" und Erkenntnisse wie „Wir erhalten kein kurzes Leben, sondern haben es dazu gemacht, und es mangelt uns nicht an Zeit, sondern wir verschwenden sie" auf die Zeit seines unfreiwilligen Inselaufenthalts zurück.

Eine Insel scheint ein Ort zu sein, der direkten Einfluss auf unser Zeitempfinden nimmt. Es verändert sich, sobald wir sie betreten – ein Motiv, das in Literatur und Philosophie immer wieder auftaucht. Jede Insel scheint ein Geheimnis zu bergen, einen verborgenen materiellen Schatz oder sogar das Glück – man traut es ihr zu. Man sagt Inselbewohnern eine besondere Gastfreundschaft, Höflichkeit und Rücksichtnahme nach, wohl weil ihnen bewusst ist, dass sie auf relativ eng begrenztem Raum mit anderen Menschen leben und auskommen müssen. Und nun also die Mainau: 45 Hektar Grün mitten im Bodensee, dem drittgrößten See Europas, der sich manchmal wie ein Meer verhält, von Stürmen gepeitscht wird und dann wieder in unerbittlicher Glätte vor sich hin brütet. Zunächst lebten hier Räter, Römer, Alemannen und Franken. Vom achten Jahrhundert an gehörte die Insel zum Kloster Reichenau. 1271 wurde sie den Deutschordensrittern geschenkt, die am Bodensee zunehmend an Macht gewannen und 1647 von den Schweden erobert. Davon zeugt noch das bronzene Schwedenkreuz am Brückenkopf zur Insel, das die Schweden bei ihrem Abzug 1649 ins Wasser warfen, weil es wohl zu schwer war. Ansonsten hatten sie fast alles mitgenommen, was sie tragen konnten.

Nach dem dreißigjährigen Krieg ließen die Deutschordensritter von ihrem Baumeister Johann Caspar Bagnato auf der Mainau eine Kirche erbauen. Richtfest wurde 1733 gefeiert. An der Innenausstattung waren bekannte Künstler des Barock beteiligt, darunter der Bildhauer Joseph Anton Feuchtmayer, der drei Altäre, die Kanzel, mehrere Statuen und das Gehäuse der Orgel gestaltete. Am 20. Dezember 1739 wurde die Kirche St. Marien eingeweiht. Im selben Jahr begann Bagnato, das zur Kirche passende Schloss zu bauen: schlicht, funktional, in Form eines Hufeisens. Es besteht aus drei Flügeln und einem Ehrenhof in ihrer Mitte. Graf Lennart spricht heute gern von den ausgebreiteten Armen des Schlosses, die eine einladende Wirkung ausüben und von denen er sich umarmt fühlt. Sieben Jahre dauerte der Bau. Heute befindet sich in einem Seitenflügel die Verwaltung, im anderen wohnt die gräfliche Familie.

Im Erdgeschoss ist der Wappensaal gelegen, in dem Kunstausstellungen gezeigt werden, im zweiten Stock der Weiße Saal, in dem Konzerte, Lesungen, festliche Versammlungen und Bälle stattfinden.

Nachdem 1806 der Deutsche Orden aufgelöst wurde, fiel die Mainau zunächst an das Großherzogtum Baden. Die Besitzer wechselten einige Male, bis 1853 der badische Prinzregent Friedrich I., also Graf Lennarts Urgroßvater, die Insel übernahm und zu seiner Sommerresidenz machte. Der Park, das Arboretum und der Italienische Rosengarten wurden von ihm angelegt. Heute lädt die Mainau mit ihrem Garten der vier Jahreszeiten das ganze Jahr über zum Besuch ein, denn jede Jahreszeit bringt auf der Insel ihre Besonderheiten hervor.

Das Blumenjahr beginnt mit der Orchideenschau. Im Palmenhaus werden dann dreitausend Orchideen gezeigt. Sie verwandeln das luftige Glasgebäude in eine exotische Welt unter heimischem Himmel. Im Frühling stecken als Erstes die Schneeglöckchen, die Krokusse, die Tulpen und die Narzissen die Köpfe aus dem Boden und lassen die Blütenwiesen weiß, gelb, orange und rot leuchten. Hyazinthen und Vergissmeinnicht umrahmen die Frühlingsstraße in Blauviolett. Ende Mai werden die Farben sanfter und weicher, die Zeit der Rhododendren beginnt. Eigentlich im Himalaja, in China und Japan zu Hause, benötigen sie feuchten Moorboden, um zu gedeihen. Aus diesem Grund wurde am Osthang der Mainau teilweise der Boden ausgetauscht. Wenn die Wildrosen blühen, ist der Sommer nicht mehr weit. Im Lauf der Jahre wurden mehr als sechshundert Sorten zusammengetragen: Moosrosen, Hundsrosen, Kartoffelrosen – darunter historische Kostbarkeiten. Sie bilden eine Art Vorprogramm für einen der Höhepunkte der Blumeninsel: die Rosenhochblüte. Mehr als zwanzigtausend Pflanzen, mehr als zwölfhundert Sorten sind im Italienischen Rosengarten, im Roseninformationsgarten und entlang der Promenade der Wild- und Strauchrosen zu bewundern. Im Italienischen Rosengarten schmücken Rosen die barocke Treppe und umranken die Skulpturen. Jedes Jahr im Juni oder Juli wählen die Besucher die schönste Blume zur Rosenkönigin. Im Sommer verbreiten der rote Hibiskus, die lila Bougainvillean und die orangefarbenen Paradiesvogelblumen auf der Insel mediterranes Flair. Auch eine Orangerie befindet sich auf der Mainau. Dort wachsen über fünfzig Arten Orangen, Zitronen, Mandarinen und Grapefruits. Im Herbst ist die Dahlienblüte der Saisonhöhepunkt. Die aus Mexiko stammende Blume ist heute mit zwölftausend Pflanzen und über zweihundertfünfzig Sorten auf der Mainau zu Hause. Auch hier wird ein Schönheitswettbewerb veranstaltet: Die Dahlienkönigin wird Anfang Oktober gekrönt.

Das Herzstück der Insel bilden Mammutbäume aus Kalifornien, Atlaszedern, Tulpenbäume, Schirmmagnolien, Dufteiben – mehr als fünfhundert Arten von Laub- und Nadelbäumen. Im Herbst machen sie den Blumen in Bezug auf Farbkraft Konkurrenz. Dann fühlt man sich für Augenblicke wie im Indian Summer. Das Arboretum ist das ganze Jahr über Energiezentrum und Kraftquelle für seine Besucher. Es wurde von Großherzog Friedrich I. angelegt, der ein großer Baumliebhaber war. Er sammelte seltene Gehölze in ganz Europa, setzte sie auf der Mainau allerdings zu eng. Das hat Graf Lennart verändert. Er kommentiert: „Sonja und ich sind einer Meinung: Wir wollen nicht, dass die Mainau zuwächst, sondern wir wollen sie offen halten. Es gibt ja viele Leute, die finden, man sollte sie lieber zuwachsen lassen. Nein. Auf der Mainau muss man immer wieder freie Blicke, Durchblicke haben, damit man das Wasser sieht. Und auch vom Wasser soll man tief in die Insel zu den schönen Bäumen sehen. Das ist mir so wichtig und Sonja auch. Genau wie ich liebt sie ganz besonders die schönen Bäume. Das Arboretum ist auch für sie eine Kraftquelle, genau wie für mich. Es ist für die Mainau das Kraftzentrum. Da können all die Blumen noch so schön sein, aber die Stimmung im Arboretum ist einzigartig. Unerhört und unerreicht."

Wenn er von den Bäumen spricht, gerät Graf Lennart ins Schwärmen. In seiner Autobiografie berichtet er von einer der letzten Begegnungen mit seinem Vater Prinz Wilhelm: „An einem grauen Novembertag, nur ein paar Jahre vor seinem Tode, stand Papa am Fenster und betrachtete aufmerksam den nebligen Bodensee. ‚Du, Lennart', sagte er nachdenklich, ‚hier ist es immer schön, auch wenn das Wetter schlecht ist. Weißt du wirklich immer noch, wie wunderschön die Mainau ist?' – Ja, guter, alter, geliebter Vater, ich weiß es."

Eine solche Schönheit kann jedoch auch gefährlich werden, wenn man ihr verfällt. Dann kann sie maßlos sein in ihren Forderungen und Ansprüchen. Graf Lennart hat das erkannt und Gräfin Sonja gewarnt: „Die Mainau ist sehr vielseitig. Wenn man nicht aufpasst und sich nur einer Seite widmet, rächt sie sich. Dann erobert sie einen und bringt einen völlig von der Spur."

Es war nicht die einzige Warnung, die sie erhielt. Auch die Mutter hatte ihr schon früh zu bedenken gegeben: „So ein Ort wie die Mainau, an dem so viel zusammenkommt, ist hoch gefährlich. Du musst aufpassen, dass du dich nicht verzettelst. Du hast so viele Begabungen, so viele Dinge in dir, die du auf der Mainau eigentlich tun könntest. Du musst sie entwickeln, du musst viel lernen, du musst dich ausbilden, aber sei vorsichtig, dass das nicht zu sehr auseinander läuft."

Die Mainau hat ihr Eigenleben und ihren Eigensinn. Sie ist ein Ort, an dem viele Beziehungen beginnen. Aus irgendwelchen, nicht genau zu benennenden Gründen erzeugt die Mainau anscheinend eine Atmosphäre, die sehr dazu angetan ist, dass sich Menschen für neue Begegnungen und neue Verbindungen öffnen. Im Rückblick findet es Gräfin Sonja immer wieder erstaunlich, wen die Mainau in all den Jahren zusammengeführt hat und aus wie vielen Begegnungen dann wirklich langjährige

Mit König Carl XVI. Gustav auf der Mainau 1979

Freundschaften und Beziehungen entstanden sind. Sie ist sehr zufrieden darüber, denn Graf Lennart und sie haben das kontinuierlich gefördert. Für seine erste Frau hingegen muss es nicht leicht gewesen sein, mit einem solchen Netzwerker zusammenzuleben. Gräfin Karin war zwar eine sehr gute Hausfrau und eine exzellente Innenarchitektin, die mit viel Phantasie und Geschmack dem Zuhause eine warme und wohnliche Atmosphäre verlieh, jedoch gleichzeitig sehr menschenscheu. Veranstaltungen mit Teilnehmern und Gästen, die sie noch nicht kannte, betrachtete sie als große Anstrengung. Sie versuchte, sie zu vermeiden, denn sie waren ihr unangenehm. Das bedeutete für ihre Ehe ein kaum zu überwindendes Handikap: Da war auf der einen Seite ein Mann, der neben allen anderen Talenten vor allem das der Kommunikation besaß. Er war von Anfang an ein wirklicher Vernetzer, eben ein Networker par excellence, der offen war für Menschen, der sie treffen und zusammenführen und damit Symbiosen schaffen wollte. Auf der anderen Seite stand seine eher schüchterne Frau, die sich sicher wahrscheinlich oft gesagt hat: „Jetzt muss ich mich schon wieder mit Leuten befassen, die ich nicht kenne und von denen ich nicht weiß, wie sie sind und was sie wollen." Sie hat später Gräfin Sonja selbst davon erzählt. Diese fand allein die Vorstellung schmerzhaft, dass sich da jemand über Jahre hinaus beinahe permanent selbst Gewalt antun und gegen seine Natur leben musste. Sie atmet erleichtert auf: „Da bin ich ja Gott sei Dank total anders. Also, mir macht es Freude, mit Menschen zusammen zu sein und sie mit anderen zusammenzubringen, mir macht es auch Freude, fremde Menschen zu treffen und dann langsam herauszufinden, was hinter ihrer Äußerungsform eigentlich steckt, was sie für ein Lebensmuster haben." Darin ist sie ihrem Mann sehr ähnlich. Genau wie in ihrem Bestreben, für andere etwas Positives zu bewirken oder in die Wege zu leiten, wenn es ihr möglich ist.

Die Mainau war und ist ein Platz der mannigfaltigen Möglichkeiten. Es fing gleich nach dem Zweiten Weltkrieg an, als

Graf Lennart wieder nach Deutschland kam. Er war sensibilisiert für die schwierige Situation, in der sich damals die jungen Menschen befanden, vor allem die jungen Männer, die im Krieg gewesen waren. Alles war zusammengebrochen. Die meisten hatten keine Perspektive, kein Selbstvertrauen und zogen sich zurück. Da ergriff Graf Lennart die Initiative und setzte sich mit dem von ihm auf der Mainau gegründeten „Freizeitwerk“ für die Jugendhilfe in der Nachkriegszeit ein. Dabei war ihm das Zufriedenstellen der Grundbedürfnisse genauso wichtig wie das geistige Wohl seiner „Schützlinge“. Zwei schwedische Frauen, die sich Schwestern nannten, halfen bei der Einrichtung des „Freizeitwerks“. Sie brachten aus Schweden nicht nur Lebensmittel, von denen man in Deutschland nur träumen konnte, sondern auch ein Stück schwedischer Atmosphäre mit auf die Mainau: diese liberale schwedische Art zu leben und miteinander umzugehen. Die jungen Männer wurden gut verpflegt, regelrecht aufgepäppelt und auch intellektuell aus ihrer Isolation geholt. Sie bekamen Zeit und Raum zum Luftholen und wurden zu einer eigenen Orientierung und Zukunftsplanung angeregt.

Mit Graf Lennart und Gräfin Sonja kamen also zwei Menschen zusammen, von denen jeder ein hoch entwickeltes soziales Bewusstsein hatte, dessen Einzigartigkeit aus der jeweiligen Herkunft resultierte. Beide verband außerdem die Fähigkeit, sich in andere Menschen hineinzuversetzen, und zu erkennen, worin deren Bedürfnisse lagen. Aus diesen Erkenntnissen entwickelten sie ein Handlungskonzept, das so schnell wie möglich umgesetzt wurde. Das haben sie bis heute beibehalten. Die Mainau wurde für sie zum Symbol, zum Nukleus, der alles eine Zeit lang um sich schart, zusammenbringt und dann auch wieder loslässt. Dieses Loslassen ist für beide sehr wichtig, denn bei aller Hilfsbereitschaft und bei allem Engagement, spürt man kein Anzeichen einer Inbesitznahme. Ihr Einsatz hat nichts Besitzergreifendes. Sie wollen ihre Initiativen nicht über ihre Notwendigkeit und Wirksamkeit hinaus festhalten. Eine Sache ins Leben rufen, prägen, konsequent begleiten, so lange es sinnvoll ist, aber dann auch erkennen, wann die Zeit reif ist, sie wieder loszulassen oder in andere Hände zu übergeben und darauf vertrauen, dass sie wieder zurückstrahlen auf die Mainau.

Die Rolle der Mainau als Ort der Begegnung stellt auch Volkmar Th. Leutenegger heraus. Er nennt diese Wirkung der Mainau das, was ihn am stärksten fasziniert hat. 1987 kam er als zweiter Geschäftsführer ins Unternehmen und blieb vierzehn Jahre lang in dieser Position an Gräfin Sonjas Seite. Sie resümiert heute: „Es war eine sehr intensive, gute, kollegiale Zeit mit Volkmar Leutenegger an der Spitze als Geschäftsführer. Ende 2001 hat er dann seine Pensionierung vollzogen. Seit Anfang 2002 bin ich also wieder einzige Geschäftsführerin, mit meiner ältesten Tochter, Gräfin Bettina, als Assistentin."

Mitte der achtziger Jahre hatte Gräfin Sonja Unterstützung dringend nötig, denn Graf Lennart zog sich aus der Geschäftsleitung, die sie seit 1981 gemeinsam innehatten, zurück. Nun war Gräfin Sonja alleinige Geschäftsführerin – und Mutter von fünf noch ziemlich kleinen Kindern, also nicht nur doppelt belastet, sondern so vielfach, dass abzusehen war, dass es nicht lange funktionieren konnte. Leider stand ihr der Vater auch nicht mehr zur Seite. Er war 1982 nach langer schwerer Krankheit verstorben und mittlerweile hatte sein ältester Sohn Manfred die Position des Verwaltungsdirektors übernommen. Bald gab es Spannungen zwischen ihm und seiner Schwester, denn er hielt sie in der Führungsposition für inkompetent, nahm – ganz das Klischee erfüllend – die Rolle des großen allwissenden Bruders ein und versuchte, auf eine subversive Art und Weise zu regulieren und gegenzusteuern. Darüber hinaus verweigerte er meistens die Kommunikation. Sein Verhalten traf Gräfin Sonja zutiefst. Erst wollte sie es nicht wahrhaben, ließ ihn gewähren und dachte, sie täusche sich. Ihr geliebter großer Bruder, an dem sie so hing und der als Kind ihr „Gott" gewesen war, würde doch nicht

Graf Lennart, Gräfin Sonja und Volkmar Th. Leutenegger 1991

in einer solchen Weise gegen sie intrigieren. Irgendwann konnte sie jedoch nicht mehr die Augen vor den Tatsachen verschließen. Das Idealbild, das sie von ihm hatte, bröckelte Stück für Stück. Sie kannte ihren Bruder plötzlich nicht mehr wieder. Aber es dauerte einige Jahre, bis sie diese Erkenntnis zuließ, die für sie bitter war und besonders weh tat. Den endgültigen Anstoß erhielt sie von ihrem Wirtschaftsprüfer. Der empfahl ihr einen zweiten Geschäftsführer, weil er sah, dass sie als Mutter von fünf Kindern diese Arbeit nicht mehr allein leisten konnte. Er fragte sie in aller Deutlichkeit, ob sie sich eigentlich völlig kaputt machen wolle. Sie war überrascht und verwies auf ihren Bruder, in dem sie doch Unterstützung habe, aber da öffnete ihr der Wirtschaftsprüfer endgültig die Augen.

Bei der Suche nach einem zweiten Geschäftsführer entschied man sich ziemlich bald für Volkmar Leutenegger – aus vielerlei Gründen: Er leitete zu diesem Zeitpunkt das Forstamt Konstanz, kannte sich mit administrativen Aufgaben bestens aus und war bereits seit acht Jahren Direktor der Lennart-Bernadotte-Stiftung. Zunächst glaubte man nicht, dass er seine sichere Beamtenposition im baden-württembergischen Staatsdienst gegen den „Schleudersitz" Mainau tauschen würde, aber er tat es. Gräfin Sonja fiel ein Stein vom Herzen, denn sie war über ihre Geschäftsführerinnenrolle hinaus 1982 auch noch Präsidentin der Deutschen Gartenbau-Gesellschaft und 1987 Präsidentin des Kuratoriums für die Nobelpreisträgertagungen geworden. Graf Lennart wollte seine Verpflichtungen allmählich loswerden, denn er wurde ja bald achtzig und teilte ihr in gewohnter Deutlichkeit mit: „Ich muss doch jetzt mal damit aufhören, sonst fragen die sich doch: Wann geht der alte Knacker endlich?" Gräfin Sonja hatte zwar Verständnis dafür, sah sich aber, als ihr Mann nicht nur die gemeinsame berufliche, sondern auch noch die ehrenamtliche Basis verließ, vor schwierige Aufgaben gestellt. Graf Lennart war sehr konsequent, nachdem er sich zum Rückzug entschieden hatte. Er bot ihr zwar an, weiterhin mit ihr über Probleme zu reden, wenn sie das wünschte, machte aber keinen Hehl daraus, dass er eigentlich nichts mehr damit zu tun haben wollte. Sie war der Auffassung, dass die Gespräche unter diesen Voraussetzungen nicht viel bringen konnten und fürchtete, er würde dann immer das Gefühl haben, damit belästigt zu werden.

Sie trat in eine der schwierigsten Phasen ihres Berufslebens ein, die nur unter großen Anstrengungen zu meistern war. Auf ihren Schultern lastete durch die Übernahme der Ehrenämter ihres Mannes auf einmal eine enorme Verantwortung. Erschwerend kam hinzu, dass sie zahlreiche auf Graf Lennart eingeschworene Gremien übernommen hatte. Sie sah sich alt eingefahrenen Konstellationen und zum Teil auch Männern gegenüber, die von Frauen in Führungspositionen überhaupt nichts hielten und es ihr nicht gerade leicht machten. Deren Widerstand war niemals vordergründig, sondern kam oft getarnt und unterschwellig daher. Sie wusste jedoch, dass sie damit fertig werden musste und sagte sich, wie so oft im Leben: „Sonny, da musst du durch." Volkmar Leutenegger bedeutete auch in dieser Hinsicht eine fundamentale Unterstützung, denn er kannte die Gremien, war seit Jahren bereits Mitglied der Deutschen Gartenbau-Gesellschaft und des Deutschen Rates für Landespflege. Er hatte Erfahrung mit Behördenangelegenheiten, in öffentlich-rechtlichen Fragen und verfügte über unzählige Kontakte. 1990 wurde er Vizepräsident der Deutschen Gartenbau-Gesellschaft, die kurz vor dem finanziellen Aus stand, und trug durch seinen Einsatz erheblich zu ihrem Weiterexistieren bei. Durch seine langjährige Tätigkeit als Forstdirektor in der Landesforstverwaltung und als Naturschutzbeauftrager des Landkreises Konstanz war er mit den damaligen Netzwerken bestens vertraut und brachte seine Kenntnisse ein in die Diskussion und Lösung betriebswirtschaftlicher, administrativer, personalpolitischer und umweltrelevanter Probleme.

Von Anfang an legten die beiden Geschäftsführer ihre Zuständigkeiten fest: Gräfin Sonja übernahm das so genannte „Außenministerium", also Marketing, Werbung, Repräsentation, Volkmar Leutenegger das „Innenministerium". In dieser Funktion modernisierte er die Betriebsstruktur. Dazu gehörten vorausschauende Haushaltsplanung, Kostenmanagement und -kontrolle, die Einführung eines modernen EDV-Systems, der Aufbau eines wirkungsvollen und Kosten sparenden zentralen Einkaufs. Von besonderer Bedeutung war es für Volkmar Leuten-

Mainauer Jugendspiele 1993

egger, den Betrieb auch in der alltäglichen Praxis auf einen umweltorientierten Weg zu bringen. Damit knüpfte er an Graf Lennarts Visionen an, die sich ja schon 1961 in der „Grünen Charta von der Mainau“ eindrucksvoll manifestiert haben. In deren Vorwort fordert Graf Lennart: „Taten auslösen, dieser bedarf es in unserer Zeit am dringlichsten“. Als Geschäftsführer entwickelte und realisierte Volkmar Leutenegger ein neues Energiekonzept für die Mainau und setzte damit wesentliche ökologische Akzente. Er initiierte Fortbildungsseminare für Biologielehrer mit naturkundlich-ökologischen Schwerpunkten, rief die Mainauer Jugendspiele ins Leben und richtete die Abteilung „Ökologie und Naturerziehung“ ein, deren Hauptaufgabe das Öko-Controlling ist. 1998 erhielt die Insel Mainau als erster Botanischer Garten Europas das Zertifikat des Öko-Audits der EU.

1995 wurde der Verein „Gärtnern für Alle“ gegründet, eine Einrichtung, in der lernbehinderte Jugendliche zur Ausbildung zum Gartenbaufachwerker qualifiziert werden. Genau wie Graf

Eröffnung des Mainauer Naturerlebnispfads 1990

Lennart und Gräfin Sonja war es Volkmar Leutenegger eine Herzensangelegenheit, schon den Kindern die Natur in ihrer Vielfalt nahe zu bringen und ihnen eigene Erlebnisse in der Tier- und Pflanzenwelt der Insel zu ermöglichen.

Was Volkmar Leutenegger auszeichnete, war der konkrete und direkte Umgang mit Fragen des Natur- und Umweltschutzes. Seine theoretischen Erkenntnisse flossen unmittelbar ein in seine praktische Arbeit. Dabei konnte er sich auf seine Erfahrung verlassen. Er wusste, dass Erfahrung nicht forciert werden oder durch ein Lernprogramm rasch vermittelt werden kann. Erfahrungen zu sammeln, ist ein langwieriger Prozess. Dieser verbindet sich mit einer Maxime, auf die die Mainau-Protagonisten immer wieder gern verweisen: die Entschleunigung als Gegenpart zur allgemeinen gesellschaftlichen Beschleunigung. Je früher man mit dem Lernen beginnt, desto mehr Zeit hat die Erfahrung, sich individuell auszubilden. Kleine Kinder sind besonders aufnahmefähig und neugierig und wollen wissen, wie in der

Natur alles miteinander zusammenhängt. Diese unmittelbare Wissbegierde sollte man nutzen. Ausgehend von der Erkenntnis, dass man nur das schützen kann, was man begreift, wird das Wissen zum rettenden Faktor. Denn man wird sich nur dann für etwas aktiv einsetzen, wenn man es kennt. Im Kindergartenalter sollte der Zugang zur Natur entwickelt werden, damit die Kinder nicht mit der Naturdarstellung des Walt Disney oder mit der der Comic-Figuren-Welt konfrontiert werden und diese mit der Wirklichkeit gleichsetzen. Naturerfahrung und Naturerlebnis am Objekt selbst, also draußen in der Natur zu vermitteln, ist eins der wichtigsten Ziele der Mainau.

Volkmar Leutenegger traf im Rahmen seiner Tätigkeit als Naturschutzbeauftragter in den städtischen Gremien und im Gemeinderat nicht selten auf politische Entscheidungsträger, die auf Grund mangelnder Kenntnisse falsche Schlüsse zogen. „Aber wie soll jemand, der niemals eine vernünftige Naturerziehung genossen hat, später vernünftige Entschlüsse fassen?" fragt er rückblickend und weiß, dass eine sorgfältige Naturerziehung die Grundlage liefert, um die Natur als das eigene Zuhause zu betrachten, das man pflegen und erhalten muss. Im Zuge der stärkeren allgemeinen Bewusstmachung sei dann jedoch vieles dramatisiert und übertrieben worden und daher ins Gegenteil umgeschlagen. Die Panikmache führte dazu, dass sich viele Menschen, die sich eine Zeit lang umweltbewusst verhielten und sogar politisch engagierten, wieder abwandten. Ihre Bereitschaft zur ökologischen Sensibilität ließ nach, denn es ging ihnen einfach auf die Nerven, dass man ihnen ständig Vorschriften machen wollte. Diesem Phänomen widmete man sich in einem der Mainauer Gespräche, das unter dem Motto „Stets Alarm und nie Entwarnung" stattfand.

Auf der Mainau zog man aus all diesen Erfahrungen Konsequenzen und versucht seit Jahren, an Hand ganz einfacher Beispiele nachzuweisen, dass man sehr viel für die Umwelt tun kann, ohne dabei an Lebensqualität einzubüßen. Das ist auch Inhalt der angebotenen Lehrerseminare, in denen die Pädagogen entsprechend trainiert werden sollen.

Durch die neuen Medien besteht heute die Möglichkeit, das direkte Naturerleben durch Lernprogramme, Filme und interaktive Spiele am Bildschirm zu ergänzen. Volkmar Leutenegger ist dem gegenüber sehr aufgeschlossen, sieht aber auch Gefahren: „Wenn es vernünftig zusammenwirkt, ist das ein großer Fortschritt gegenüber früher. Aber wer glaubt, er könne die Natur in ihrer Komplexität und Fülle sozusagen virtuell erleben, der täuscht sich. Denn schon die virtuelle Vorgabe ist weniger komplex als die Natur, weil sie nämlich von irgendeinem Programmierer eingegeben wurde. Als Erklärungs- und Lernhilfen sind diese Mittel hervorragend, aber sie ersetzen natürlich niemals die eigene Naturbeobachtung und die direkte Erfahrung. Dazu gehört nämlich der Gebrauch vieler Sinne: Riechen, Fühlen, Sehen, Hören. Auf unserer Dorfbereisung im Rahmen des Wettbewerbs ‚Unser Dorf soll schöner werden' wurden Gräfin Sonja und mir einige Male mit großem Stolz Schulen vorgeführt, in denen jedes Kind einen Computer vor sich hatte, aber der Schulgarten draußen war total vergammelt, denn der interessiert keinen mehr.

Ich bin eigentlich froh, dass ich in einer ländlichen Umgebung aufgewachsen bin und daher den Bauernhof um die Ecke hatte. Das ist heute nur für wenige Kinder der Fall. Sie wissen nicht mehr, als dass man die Lebensmittel aus dem Supermarkt holt und denken folglich, dort kommen sie her. Unsere Aufgabe ist es, dabei zu helfen, dass die Kinder in dieser Hinsicht nicht gänzlich verarmen und nur noch virtuelle Welten vor sich haben. Denn damit lösen sie nicht die Probleme der nächsten Zeit."

Dafür gibt es keine globalen Lösungen, sondern nur kleine Schritte, die von vielen getan werden müssen. Noch weiß man zu wenig. Man beobachtet Entwicklungen, ohne sie eindeutig begründen zu können. Hier gibt es für kommende Generationen in der Zukunft viel zu forschen und zu entdecken.

Wenn Volkmar Leutenegger heute auf seine vierzehnjährige Tätigkeit als „Innenminister“ der Mainau zurückschaut, nennt er das Kennenlernen interessanter Menschen als den eigentlichen Gewinn für sein eigenes Leben. Kaum ein anderer Arbeitsplatz, jedenfalls bestimmt nicht das staatliche Forstamt Konstanz, hätte ihm das ermöglicht. Auf der Mainau herrschte eine Kontinuität im Arrangieren von Begegnungen. Graf Lennart hatte damit begonnen, hier die unterschiedlichsten Menschen zu den verschiedensten Anlässen und unter den aufregendsten Themenstellungen zusammenzubringen und wurde darin nun schon eine ganze Weile von Gräfin Sonja tatkräftig und phantasievoll unterstützt. Neben ihrer inneren Einstellung hatte das Paar auch die äußeren Voraussetzungen dafür zur Verfügung und nutzte sie, betrachtete dieses Privileg sogar als Auftrag. Volkmar Leutenegger schwärmt: „Wenn ich daran denke, dass ich Lieselotte Pulver früher in meinen Studentenjahren schon im Film bewundert habe und dass man heute mit dieser Frau auf der Mainau zusammensitzt und jedes Treffen immer wieder ein Erlebnis ist. Das war nie zu erwarten.“

Eine weitere beeindruckende Begegnung für den Forstmann und Naturwissenschaftler Leutenegger war die mit dem berühmten Verhaltensforscher Konrad Lorenz. Er lernte ihn im Rahmen der Lindauer Nobelpreisträgertagung kennen, traf ihn immer wieder und erinnert sich gern an seinen Humor und an die skurrilen Geschichten, die er zum Besten gab. Für den Drang der meisten Frauen, bei schönem Wetter spazieren zu gehen, hatte Konrad Lorenz beispielsweise eine ebenso einfache wie plausible Erklärung: Das sei seit hundertfünfzigtausend Jahren eingeübt, denn damals saßen die Frauen Tag für Tag in feuchten Höhlen, ernährten ihre Kinder und hüteten das Feuer. Wenn dann draußen endlich einmal schönes Wetter war, mussten sie eben unbedingt hinaus, um ihr Fell zu trocknen.

Nicht nur komische Anekdoten tauschten die beiden Männer miteinander aus, sondern diskutierten auch ernsthafte Themen der Gegenwart. Oft ging es dabei um Missverständnisse im Umgang mit der Natur. Diese beginnen bei den Pflanzen und setzen sich fort bei den Tieren. So war den Vogelschützern am Bodensee von Anfang an die Brücke, die vom Ufer zur Mainau führt, ein Dorn im Auge. Sie beanstandeten, dass dieser Steg ein riesiges Naturschutzgebiet, nämlich die Seeflächen zu seiner rechten und linken Seite durchschnitt. Und sie prangerten an, dass die zahllosen Enten, die im Frühjahr und Herbst dort Zwischenrast machten oder sogar überwinterten, vom Besucherverkehr, der über die Brücke lief, furchtbar gestört würden. Es sollte jedoch noch schlimmer kommen, als das Landeskriminalamt die Familie Bernadotte einmal darauf aufmerksam machte, dass in Schweden ein Prozess gegen einen Terroristen stattfinde und man davon ausgehe, dass nun alle Institutionen, die etwas mit Schweden zu tun hatten, potenziell anschlaggefährdet seien. Auf der Mainau erkannte man die Brücke zur Insel sofort als einen brisanten Ort. Sie bedeutete einen Engpass, der von allen Bewohnern, Angestellten und Besuchern der Insel überquert werden musste. Um ihn sicherer zu machen, wurden Tiefstrahler montiert, die den Steg auch bei Nacht hell erleuchteten. Die Vogelschützer waren entsetzt, aber es dauerte gar nicht lange und in den Abend- und Nachtstunden standen rechts und links der Brücke Dutzende von Fischreihern, fischten eifrig im Scheinwerferlicht und wirkten äußerst zufrieden. Diese an sich scheuen Vögel ließen sich überhaupt nicht stören, sondern nutzten im Gegenteil das Licht zu ungewohnter Stunde für ihre eigenen Jagdzwecke. Ihr Verhalten war mehr als ein Indiz dafür, dass der Verkehr auf der Brücke keine schädlichen Auswirkungen auf die Schutzgebiete hatte – viel schlimmer war es, wenn etwa ein einzelner Kanufahrer die Enten in ihren Rastplätzen aufschreckte – und demonstrierte eindrucksvoll die Kreativität und Anpassungsfähigkeit der Tiere. Ohne diese Eigenschaft gäbe es weder Weiterentwicklung noch Überleben im Tier- und Pflanzenreich.

„Mir ist bei einer Diskussion mal der Kragen geplatzt," gesteht Volkmar Leutenegger, „da hab ich einfach gesagt: Wenn Gott, der Gerechte, mir einen Wunsch erfüllen würde, dann möchte ich, dass sämtliche Tiere, vor allem auch die Haustiere einen Tag lang die menschliche Sprache beherrschen, damit sie ihren Herrchen und Frauchen endlich einmal die Meinung sagen würden über die Art und Weise, wie die mit ihnen umgehen. Denn diese dumme Vermenschlichung, die führt eben zu Fehlschlüssen. Die gäbe es nicht so sehr, wenn man sich wirklich die Zeit nehmen würde, zu beobachten und genau hinzugucken."

Dazu fordert die Mainau in ihren unzähligen Beobachtungszentren auf. Vor über fünfzig Jahren „traf" das Kind Sonja Haunz morgens auf ihrem Schulweg eine Schnecke und sah ihr bei ihrer Art der Fortbewegung zu. Das war für sie so spannend, dass sie darüber den Beginn der ersten Unterrichtsstunde versäumte. Sie hat es nicht bereut. Heute haben Kinder selten die Möglichkeit, so etwas zu erleben, denn die meisten werden morgens zur Schule gefahren oder leben in Umgebungen, die solche Abenteuer im Alltag nicht zulassen. Daran hat Gräfin Sonja wahrscheinlich bei vielen Einrichtungen auf der Mainau gedacht, die diesen Beobachtungsraum anbieten, zum Beispiel beim Schmetterlingshaus, das 1996 eröffnet wurde. Nachdem ihr die Idee dazu gekommen war, reiste sie erst einmal herum und schaute sich bereits bestehende Schmetterlingshäuser an, um daraus eigene Kriterien zu entwickeln und zu entscheiden, worauf es ihr ankam. Wie so oft wurden Neuerungen von den Mainauern zunächst skeptisch behandelt. Ein so teures und aufwendiges Unterfangen – musste das denn sein? Gab es denn auf der Mainau nicht schon genug anzuschauen? Da flatterten die Falter doch ohnehin zwischen den Blüten umher, jedenfalls die einheimischen. Und was wäre im Winter? Was würde es kosten, so ein Schmetterlingshaus zu beheizen? Noch dazu wahrscheinlich vergeblich, denn im Winter, wenn die Sonne nur kurz oder überhaupt nicht scheinen würde, kämen die Tiere sowieso nicht aus ihren Verstecken. Nur mit viel Glück würde man vielleicht ab und zu mal einen Schmetterling zu Gesicht bekommen. Lohnte das den immensen Aufwand?

Alle zögernden Vorbehalte haben sich als Irrtum erwiesen: Die prächtigen Falter, die aus Afrika, Asien und Südamerika stammen, flattern auch im europäischen Winter durch den tropischen Dschungel des Schmetterlingshauses. Sie frequentieren die Futterstellen, an denen Orangenscheiben und Bananenstücke ausliegen. Überall herrscht buntes Treiben – im wahrsten Sinne des Wortes, denn ihre Flügel schimmern zinnoberrot, grasgrün und zitronengelb. Man kann sogar erleben, wie ein bräunlich gemaserter Falter plötzlich, indem er sich in die Höhe schwingt, das unglaublich leuchtende Kobaltblau seiner Flügeloberseite preisgibt. Die durchsichtigen Schmetterlinge werden ein Rätsel bleiben: Aus welchem Material ist der transparente Teil ihrer Flügel? Wahrhaftige Wunder filigraner Konstruktion scheinen sie zu sein und der Inbegriff nicht festzuhaltender Schönheit. Welch ein Zauber! Wenn man Geduld und Glück hat, kann man sogar die Entwicklung von der Puppe zum Falter miterleben. Doch auch nach dieser Beobachtung bleibt die Metamorphose ein Mysterium und lässt erahnen, dass es nur eins ist von den unzähligen, die die Natur bereithält, wenn man genau hinschaut.

Den beinahe alltäglichen Wundern der Natur hat sich Graf Lennart seit Anfang der achtziger Jahre in seiner Makrofotografie gewidmet. Im Lauf seines langen aufregenden Lebens hat er als Augenzeuge fundamentaler gesellschaftlicher, politischer und technologischer Veränderungen gelernt, auch seinen eigenen Blick immer wieder zu verändern. Das Panorama des gesamten zwanzigsten Jahrhunderts hat seinen Lebensweg begleitet. Es umfasste sowohl die Katastrophen unmenschlicher Machtexzesse als auch die Früchte menschlichen Erfindungsgeistes. Zu Letzteren gehörten die Entwicklung der Medien Fotografie und Film, mit denen er sich zeitlebens kreativ auseinander

Graf Lennarts 80. Geburtstag, links von ihm das schwedische Königspaar, Gräfin Sonja und Ministerpräsident Lothar Späth

gesetzt hat. Nun ließ er die Ferne ein wenig aus den Augen und begann, seine unmittelbare Nähe einer genauen Betrachtung zu unterziehen. Nicht mehr den bewegten Bilder einer Pazifiküberquerung galt sein Interesse, sondern einer Expedition ins Pflanzenreich seiner direkten Umgebung. Er wollte ihren Geheimnissen auf die Spur kommen, ihre Farben und Formen abbilden und versuchen, sein eigenes Staunen zu dokumentieren. Mithilfe seiner bevorzugten Kunstgattung, der Fotografie, wurde er einmal mehr zum visuellen Entdecker. Objekte waren jetzt die Blüten und die Blätter und ihre rätselhafte Struktur. Die technisch ausgereiften Kameras mit ihren lichtstarken Objektiven sowie eigene Experimente mit der Beleuchtung ermöglichten ihm, den Zauber der Miniaturwelt aufs Bild zu bannen und das normalerweise Unsichtbare durch makrofotografische Vergrößerung sichtbar zu machen. Plötzlich tat sich das abstrakt anmutende Formenspektrum der Pflanzen vor ihm auf. Er entdeckte ihre verführerische Erotik und gleichzeitig strenge Harmonie. Aus seinen Aufnahmen kreierte er die Ausstellung „Optische Träume“, die seit Anfang der achtziger Jahre mit großem Erfolg weltweit – von New York bis Petersburg – und immer wieder auf der Mainau gezeigt wird.

Über die aktuelle Situation der Mainau ist Graf Lennart höchst zufrieden: „Sonja vertritt die Mainau wirklich hervorragend, von A-Z in allen Schattierungen. Und es ist sehr wichtig, dass es jemand an der Spitze gibt, der die Möglichkeiten der Mainau ausnützen will und ausnützen kann. Ich finde, das macht sie sehr gut. Die Aufmerksamkeit von Presse, Rundfunk und Fernsehen hat sich jetzt auf Sonny konzentriert, und ich bin in den Hintergrund getreten. Das gefällt mir sehr, denn sie ist wirklich diejenige, die die Mainau führt. Und sie war auch in der Lage – was ich hoch schätze – die Kinder für die Mainau zu interessieren. Sie hat die Kinder nicht dazu gezwungen, und vielleicht interessieren sie sich gerade deshalb dafür und wollen mitmachen. Das gibt viel Hoffnung für die Zukunft. Es ist eine ganz tolle Leistung von meiner Sonny, dass sie die Kinder zu nichts dergleichen gezwungen hat. Sie haben die Mainau alle selbst für sich entdecken können. Wir wollten, dass die Kinder möglichst in Freiheit aufwachsen – in vorsichtig geführter Freiheit, damit sie dann auch wählen können, was sie tun wollen. Die Mainau ist eine Sache, die man nicht auf die andere Seite mitnehmen kann. Die Mainau steht nun einmal in dieser Seite und lebt hier weiter und daher ist es auch richtig, dass die Menschen, die hier weiterleben, die Mainau übernehmen. Es ist vielleicht die größte Leistung meiner Sonny, dass sie alles zusammengehalten und doch laufen lassen hat. Die Kinder konnten selbst wählen und man sieht: Hier sind sie. Ja, und das freut mich natürlich besonders, denn das ist für die Mainau die Zukunft.“

Mutter von fünf Kindern

„Als Graf Lennart sagte: ‚Nein, Kinder kommen für mich überhaupt nicht in Frage', da hab ich geantwortet: ‚Dann gibt's auch keine Ehe. Kann ich mir gar nicht vorstellen, eine Ehe ohne Kinder. Und ich will sechs Kinder!' ‚O Gott', fragte er, ‚und alle mit mir?' Da hab ich gesagt: ‚Ja, klar.' Ihm wurde es, glaube ich schon, ein bisschen Angst." Gräfin Sonja lacht bei der Schilderung dieses Dialogs, der so vor mehr als drei Jahrzehnten stattfand, und ergänzt: „Es sind dann allerdings nur fünf geworden."

1974 wurde die erste Tochter, Comtesse Bettina, geboren. Sie gehört seit Januar 2002 zum Mainau-Team als persönliche Assistentin Gräfin Sonjas und ist auf dem Weg, die Nachfolge ihrer Mutter anzutreten. Sie wird die künftige Geschäftsführerin des Unternehmens und vertritt das Haus Bernadotte schon oft bei offiziellen Anlässen. Die notwendige Unterstützung beim Hineinwachsen in ihre zukünftige Aufgabe erfährt sie von ihrer Mutter und den Mitarbeitern. Dabei entwickelt sie eigene neue Inhalte, knüpft jedoch an die Tradition an und hat die Maxime geprägt: „Die Mainau ist ein lebendiges Wesen. Bei der Gestaltung müssen einerseits die Bedürfnisse der Gäste, andererseits auch immer die Bewahrung der Insel im Auge behalten werden."

Nicht von Anfang an war klar, dass sie diesen Weg gehen würde. Niemand hat sie dazu gedrängt. Den Eltern war einzig wichtig, dass sie – wie ihre Geschwister – nicht nur eine solide Ausbildung absolviert, sondern vor allem eine, die sie selbst gewählt hat. Gräfin Sonja und Graf Lennart waren sich einig in der Auffassung, dass man nur dann erfolgreich ist in seiner Arbeit, wenn sie einem Freude bereitet.

Nach dem Abitur auf dem neusprachlichen Gymnasium in Konstanz studierte Bettina Bernadotte zunächst Kunstgeschichte in Madrid. Gleich im ersten Jahr merkte sie, dass dieses Studium überhaupt nicht ihren Vorstellungen entsprach, sondern viel zu theoretisch war. Sie machte ein Praktikum im Nationalmuseum Stockholm und arbeitete anschließend bei einem Restaurator in Konstanz, näherte sich also allmählich räumlich wieder der Mainau an. Damit einher ging die geistige Annäherung, denn nun bekam sie aus unmittelbarer Nähe mit, was sich gerade dort ereignete. Es geschah das, was Graf Lennart schon einmal seiner Frau prophezeit hatte: Die Mainau entwickelte ihr Eigenleben, spielte ihre Verführungskraft aus und zog sie in ihren Bann. Irgendwann gestand sich Bettina ein, dass sie viel zu sehr an dem Geschehen auf der Insel und um die Insel herum interessiert war, als dass sie sich auf Distanz halten könnte. Sie wollte bei den Entwicklungen auf der Mainau dabei sein. Nach einem Praktikum im Controlling erkannte sie, dass die Kombination Tourismus und Organisation ganz ihren Neigungen entsprach. Sie studierte Tourismus und Betriebswirtschaft an der Berufsakademie Ravensburg und bildete sich anschließend praktisch weiter. 2001 wurde sie als Beraterin für Unternehmen der Tourismusbranche tätig. Im selben Jahr setzte sie sich verstärkt bei der Organisation und Durchführung der Nobelpreisträgertagung in Lindau ein.

Nach vielen Projekten sowie Zwischenstationen im Europa-Park in Rust und bei einer Unternehmensberatungsfirma gründete sie selbst eine solche und beriet die Mainau GmbH. Diese war gerade in eine kritische Phase eingetreten, in der Umstrukturierungen erforderlich waren. Außerdem hatte sich Volkmar Leutenegger entschlossen, Ende 2001, mit Vollendung seines 65. Lebensjahrs, in Pension zu gehen. In vielen intensiven Ge-

Gräfin Bettina und Gräfin Sonja beim „Start ins Blumenjahr" auf der Mainau 2004

sprächen kam man schließlich zu der Erkenntnis, dass jetzt eine gute Gelegenheit für den Einstieg einer neuen künftigen Geschäftsführerin sei. Comtesse Bettina – mittlerweile, seit ihrem dreißigsten Geburtstag, Gräfin Bettina – hatte in ihrer Mutter eine exzellente Lehrerin.

Schon lange bevor sie den Entschluss fasste, in die Fußstapfen ihrer Mutter zu treten, hatte sie erfahren, worin deren Arbeit bestand, denn Gräfin Sonja ließ die Familie von Anfang an daran teilhaben. Ihre Begeisterung hatte ihre älteste Tochter angesteckt. Vielleicht ist daraus auch der Anspruch entstanden, dass Arbeit auch Engagement und Begeisterung bedeuten sollte. In dieser Forderung sind sich die beiden Frauen sehr ähnlich. Ein Unterschied besteht allerdings in der Gewichtung ihrer Tätigkeit. Bettina konnte nämlich am Beispiel ihrer Mutter schon früh beobachten, dass die große Begeisterung für eine Sache auch Schattenseiten hat. Wenn man sich von Kopf bis Fuß völlig damit identifiziert, laufen andere Dinge Gefahr, zu sehr in den Hintergrund gedrängt zu werden, zum Beispiel die eigene Befindlichkeit.

Während Gräfin Sonja kaum eine Chance zur Reflexion darüber hatte, als sie die Position der Geschäftsführerin antrat, sondern sich einfach hineinstürzte in der Absicht, es so gut wie möglich zu machen, verfügt Bettina bereits über eigene Erfahrungen und hat vor allem längst das Beispiel der Mutter vor Augen. Das Vorbild schuf eine gewisse Distanz, sowohl zur Aufgabe als auch zur Position. Es war ja nicht nur die Mutter, die sie als eine Rundum-Mainau-Begeisterte erlebte, sondern auch der Vater, Graf Lennart, der sich zwar im Betriebsalltag nicht mehr engagierte, aber immer noch mit der Mainau eng verknüpft war. Bettinas Eltern steckten also beide mit Haut und Haaren in der Materie Mainau. Beruf, Partnerschaft, Familie waren Bereiche, die nie wirklich voneinander getrennt waren, weder räumlich – sie spielten sich unter demselben Dach in den zwei verschiedenen Flügeln des Schlosses ab – noch geistig: Die Mainau war für die beiden Eheleute permanent ein spannendes Gesprächsthema, und nach und nach wurde die Familie mit einbezogen.

Gräfin Bettina strebt für sich selbst eine stärkere Trennung zwischen beruflicher Tätigkeit und Partnerschaft an. Sie betrachtet zwar ihre Arbeit als ein wesentliches Stück ihrer persönlichen Identität, aber sie geht darin nicht völlig auf, sondern will sich das Stück „mehr“, das darüber hinaus existiert, bewahren. Das wird durch die Tatsache begünstigt, dass die Mainau nicht die Basis ihrer Partnerschaft ist. Ihr Lebensgefährte lebt und arbeitet außerhalb der Mainau. Mit dieser Konstellation ist sie höchst zufrieden, weil sie ihr ermöglicht, von außen auf das Unternehmen zu schauen und nicht in der Innensicht stecken zu bleiben. Ohne der Illusion zu erliegen, dass ihre Betrachtungsweise objektiv sein könnte, hofft sie doch, eine größere Distanz einnehmen zu können und daher manchmal mehr wahrzunehmen als das, was ganz unmittelbar passiert. Auf diese Distanz setzt sie, sie war ihr immer wichtig und sie hat sie bewusst gepflegt. Nicht nur ihr Partner, sondern auch ihre besten Freunde haben mit der Mainau nicht direkt zu tun. „Ich will nicht alles untergehen lassen in der intensiven Arbeit, weder Partnerschaft noch Freundschaft“, erklärt sie. Und vielleicht kann sie sich deshalb noch stärker auf ihre Tätigkeit im Unternehmen einlassen, weil sie weiß, dass es etwas anderes in ihrem Leben gibt, was seinen Platz behauptet. Sie weiß, dass sie ein Regulativ dieser Art nötig hat, denn manchmal taucht sie so tief in ihre Arbeit ein, dass sie darüber für kurze Zeit alles andere vergisst – sogar das Essen und Schlafen. Elementare körperliche Bedürfnisse werden hinten angestellt. Das, was sie bei diesem intensiven Engagement erlebt, würde sie niemals als Stress bezeichnen, den gibt es eigentlich nicht für sie, es sind vielmehr Enthusiasmus und Begeisterung. Beide Elternteile waren davon getragen, jeder auf seine ganz besondere Art.

Was Bettina an ihrer Mutter bewundert, ist deren Talent, viele Dinge auf einmal zu tun und miteinander in Einklang zu bringen. Sie erinnert sich daran, dass ihre Mutter die häuslichen und familiären „Programmabläufe“, also die Stundenpläne der Kinder – den Geigenunterricht, die Ballettstunden, das Karatetraining – immer präsent hatte, egal wo sie sich befand und womit sie beschäftigt war. Selbst im dichtesten Arbeitsgeschehen auf der Mainau oder unterwegs hatte sie das, was die Kinder betraf, parallel im Kopf. Wenn sie von irgendwo anrief, aus Berlin oder aus Schweden, tauchte sofort die Frage auf, wie denn ihre letzte Klassenarbeit bewertet worden sei oder ob sie Fortschritte in der Geigenstunde gemacht habe. Bettina ist heute noch beeindruckt von dieser Fähigkeit ihrer Mutter, die vor allem auch dazu geführt hat, dass die Kinder sich nie vernachlässigt gefühlt haben. Bettina schwärmt: „Überhaupt hat sie so viele Menschen im Kopf und kümmert sich darum, wie es bei ihnen läuft. Das macht sie toll. Und mit der Größe und Komplexität der Aufgaben ist auch ihre Kompetenz immer noch weiter gewachsen."

Gräfin Sonja hatte gar keine andere Möglichkeit, als ihr alltägliches Leben, in dem Beruf und Familie große Anforderungen an sie stellten, ganzheitlich zu organisieren. Sie befand sich immer mitten im Geschehen und war gleichzeitig Unternehmerin, Mutter, Ehefrau. Keine dieser Rollen existierte ohne die anderen. Daran hat sich bis heute nichts geändert, wie die Charakteristik ihrer Büroleiterin Sabine Neufang zeigt: „Sie ist ganzheitlich in allem, was sie tut. Sie schaltet die Mutter nicht aus, wenn sie Geschäftsfrau ist. Sie schaltet aber auch nicht die Geschäftsfrau aus, wenn sie Mutter ist. Dort, wo sie ist, ist sie ganz und handelt auch ganz. Dadurch ist sie keine Übermutter oder keine knallharte Businessfrau – im besten oder schlimmsten Sinne des Wortes. Sie ist ganz, sie ist authentisch, Sie ist sie selber, sie will nicht mehr sein, aber auch nicht weniger, und sie kann dann hundertprozentig zu sich stehen."

Eine Episode verdeutlicht das besonders eindrucksvoll: Als Gräfin Sonja einen Nachfolger für Ernst Otto Fischer im Kuratorium der Nobelpreisträgertagung suchte, weil dieser aus Altersgründen ausscheiden wollte und sich für den Genforscher und Nobelpreisträger Werner Arber entschieden hatte, rief dieser nach ihrer schriftlichen Anfrage morgens um sieben Uhr bei ihr an. Der Anruf erreichte sie mitten in ihrem „Kinderbetrieb", dem morgendlichen Chaos vor der Schule. Vier Kinder mussten sich zur Schule bereitmachen. Gräfin Sonja schildert das Telefongespräch so: „Werner Arber entschuldigte sich für die frühe Störung, die jedoch notwendig sei, weil er am nächsten Tag verreisen müsse und unbedingt vorher noch absagen wolle. Es tue ihm sehr Leid, aber er könne nicht ins Kuratorium eintreten. Da hab ich sofort gesagt: ‚Nein, Herr Arber, das können Sie mir nicht antun. Sie müssen ja nichts arbeiten. Ich brauche ja eigentlich immer nur ei-

nen Preisträger, der den Puls der Kollegen fühlt und einfach dabei ist. – Bettina, vergiss bitte nicht dein Deutschheft. Es liegt auf dem Tisch. – Und natürlich ist es auch wichtig, dass wir einen Nobelpreisträger im Kuratorium haben, und da Sie in Basel, also so phantastisch in der Nähe, wohnen, wäre es mir natürlich besonders hilfreich, wenn ich Ihren Namen ... – Björn, lass dein Vesperbrot nicht wieder liegen!' – So ging es etwa zehn Minuten lang mit wechselnden Erinnerungszurufen, und plötzlich hörte ich, wie Werner Arber tief Luft holte und sagte: ‚Gräfin Bernadotte, ich komme in Ihr Kuratorium.' Und ich muss sagen, er hat uns unheimlich geholfen."

Neben der Bewunderung für dieses Organisationstalent der Mutter weiß Gräfin Bettina jedoch auch, welche Gefahren es birgt. Sie meint: „Diese Fähigkeit kann zugleich ein großes Problem werden, weil sie damit selbst ins Hintertreffen gerät. Dadurch, dass sie sich um alles kümmert, sich immer zuständig fühlt und alles irgendwie auch in der Hand hat, vergisst sie manchmal sich selbst."

Außerdem könne ihre Mutter nicht gut mit ansehen, wie jemand, der ihr nahe steht, eins ihrer Kinder zum Beispiel, einfach nicht das tut, was offensichtlich in seiner oder ihrer Situation angemessen und richtig wäre. Bettina kann sich sehr gut einfühlen in diesen Wesenszug, emotional stark beteiligt zu sein, sich mitzufreuen über den Erfolg und mitzutrauern über ein Unglück. Sie hat auch etwas davon, ihr soziales Bewusstsein ist ebenfalls stark ausgeprägt, aber sie weiß, dass sie sich manchmal bremsen muss. „Man darf über den anderen nicht bestimmen wollen. Man muss lernen, damit zufrieden zu sein, dass man einen Dialog führen kann, denn das ist nicht selbstverständlich. Aber wenn der andere absolut nicht das tun will, was man selbst für richtig hält, muss man das akzeptieren. Oder anders gesagt: Man kann den Hund nicht zum Jagen tragen." Hier hört man die langjährige Erfahrung der Erstgeborenen und großen Schwester heraus, die in der Familie Bernadotte schon früh eine Sonderrolle einnahm, weil sie sich für ihre jüngeren Geschwister verantwortlich fühlte, zwischen ihnen und den Eltern vermittelte und oft zwischen allen Stühlen saß.

Bettina spricht über viele, vor allem berufliche, Dinge, die sie bewegen, mit ihrer Mutter, nur manchmal ist Vorsicht geboten. Dann nämlich, wenn sie etwas aussprechen will, um es loszuwerden oder einfach nur, weil es ihre Mutter wissen soll. Damit gibt sich Gräfin Sonja nämlich ungern zufrieden. Sie fordert zunächst die Diskussion und dann auch eine Handlung. Sie will etwas tun, will die Sache anpacken, wie es ihre Art ist, aber das ist manchmal eben nicht angebracht. Bettina hat einige Male die Erfahrung gemacht, dass ihre Mutter ihr sagte, sie solle ihr lieber erst gar nichts erzählen, wenn sie nicht wolle, dass sie etwas tue. Sie könne einfach nicht untätig zuschauen. Aber das will ihre Tochter nicht als alleinige Alternative akzeptieren. „Wir arbeiten daran", meint Gräfin Bettina optimistisch, „es gibt eben Dinge, die man nicht anpacken kann und trotzdem äußern möchte. Ich sage meiner Mutter in solchen Fällen: ‚Ich möchte nicht, dass du irgendetwas machst, ich möchte nur, dass du es weißt.'"

Graf Björn Wilhelm, der erste Sohn, wurde 1975 geboren. Er war von Anfang an ein wildes Kind, ein „Draufgänger", sodass der oft frequentierte Kinderarzt Gräfin Sonja einmal im Scherz empfahl, doch Kinder „auf Vorrat zu produzieren", weil dieser Junge bestimmt „nicht lange halten" würde. Björn war mutig und ohne Furcht – kein Baum war ihm zu hoch – und entwickelte als typisches Kind der Mainau eine große Liebe zur Natur. Zufrieden war er, als 1979, also zwei Jahre nach seiner Schwester Catherina, endlich wieder ein Junge geboren wurde, der Bruder Christian. Ihn behandelte er ziemlich bald als gleichwertig, obwohl er vier Jahre jünger war. Er war froh, einen Gefährten zu haben. Von Anfang an war Björn an den praktischen Dingen des Lebens interessiert. Er besuchte die Steiner-Schule in Kreuzlingen und an-

Mit Björn 1975

schließend das Wirtschaftsgymnasium in Buchs, in der Schweiz. Im Zivildienst wurde einmal mehr deutlich, dass er nicht nur gern helfen und unterstützen wollte, sondern auch die Ausdauer und Disziplin dazu hatte. Mittlerweile hatte sich auch sein Wunsch, Sozialpädagogik zu studieren, herausgebildet. Mit diesem Studium begann er 2003 in Rorschach, einer Außenstelle der Universität St. Gallen. Parallel zu seinem Interesse an der Arbeit mit und für Menschen entwickelte sich seine Naturverbundenheit.

Er war und ist in seiner Freizeit gern mit dem Förster im Mainauwald unterwegs, denn seine Leidenschaft ist die Jagd. Seine Jägerprüfung, „das so genannte grüne Abitur", legte er im Mai 2001 ab und hatte sich damit gut vorbereitet auf sein Forstwirtschaftspraktikum, für das er sich 2002 bei Axel Graf Douglas auf Schloss Langenstein im Hegau aufhielt. Graf Lennart war so stolz auf seinen Sohn, dass er ihm sein bestes Gewehr schenkte, als dieser ihm den Jagdschein präsentierte. 2003 besuchte Björn einen Freund auf dessen Farm im Khomas-Hochland von Namibia, um in einer ganz anderen Landschaft auf Jagd zu gehen. Auch dort schätzte man sein Verantwortungsgefühl und seine Gewissenhaftigkeit. Volkmar Leutenegger, ebenfalls ein passionierter Jäger, drückt es so aus: „Mit dem Björn würde ich ohne weiteres einen Trip durch die Wüste machen. Ich wüsste, ich könnte mich in jeder Situation voll auf ihn verlassen."

Björn liebt es, zu reisen. Er hat eine große Neugier auf die Welt. Auf Einladung des Centro Argentino-Aleman/Cuna Piru unternahm er 2002 eine Studienreise in die argentinische Provinz Misiones. Diesen Landstrich hatten 1947 schon sein Vater und sein Großvater, Prinz Wilhelm von Schweden, aufgesucht. Graf Lennart war damals mit einem Dokumentarfilmteam in Südamerika unterwegs. In seinem Film „Schweden in roter Erde" schildert er das Leben der schwedischen Auswanderer im subtropischen Regenwaldgebiet der Provinz Misiones. Dieses Werk, das vor mehr als fünfzig Jahren entstanden ist, stand im Mittelpunkt des Treffens von Björn mit schwedischen Auswanderern in Misiones. Wie fast alle Bernadottes zeichnet auch Graf Björn eine große Kommunikationsfreude aus. Sie bezieht auch schon Kinder mit ein. Im Rahmen seines Sozialpädagogikstudiums absolvierte er in Schweden ein Praktikum in einem Kindergarten und machte dort dieselbe Erfahrung wie bereits so oft in Deutschland: Die Kinder hingen an ihm wie Kletten und wollten ihn gar nicht mehr loslassen. Nach dem Abschluss seines Sozialpädagogikstudiums hat er vor, ein Seminarzentrum für Manager einzurichten, wo ihnen abgeboten wird, mithilfe von Naturerleben und Naturerfahren wieder mit sich selbst in Einklang zu gelangen. Sein Hauptengagement auf der Mainau wird in der Lennart Bernadotte-Stiftung liegen.

Comtesse Catherina wurde 1977 geboren. Gleich bei der ersten Begegnung mit ihr fällt ihre unglaubliche Schlagfertigkeit auf, ihre Freude am parlieren, ihr Witz. Sehr schnell, durchsetzungsfähig, ein wenig provozierend und pointiert, ohne jedoch dem Gegenüber zu nahe zu treten. Mit ihr ist man sofort mitten in einem engagierten Gespräch.

Nach dem Abitur auf dem humanistischen Gymnasium in Konstanz studierte sie Landschaftsarchitektur an der Fachhochschule Weihenstephan und schloss es 2004 mit dem Diplom ab. Ein Praxissemester absolvierte sie in Göteborg beim Botanischen Garten und drei weitere bei einem renommierten Landschaftsarchitekten in Godalming/Surrey in Südengland. Unter anderem arbeitete sie mit an einem Gartenprojekt für die alljährlich in London stattfindende Chelsea Flower Show. Thema ihrer Diplomarbeit war die standortgerechte Verwendung von heimischen Bäumen in ländlichen Siedlungen. Dazu angeregt wurde sie durch den Bundeswettbewerb „Unser Dorf soll schöner werden – unser Dorf hat Zukunft", der von der Deutschen Gartenbau-Gesellschaft alle drei Jahre durchgeführt wird. 2001 war Comtesse Catherina zum ersten Mal Mitglied des Organisationsteams, auch in Zukunft wird sie den Wettbewerb wieder begleiten und für die Dokumentation verantwortlich sein. Schon 2001 bestand ihre Aufgabe als Präsidiumsmitglied, in der Organisation und der Dokumentation der Dorfbereisung. Außerdem engagiert sie sich im Europäischen Kulturforum Mainau, zu dessen Gründungsmitgliedern sie gehört. Gräfin Sonja vermutet, „Catherina wird wahrscheinlich irgendwann auf die Mainau kommen. Dazu ist sie prädestiniert, denn sie hat Landschaftsarchitektur studiert. Ich habe ihr allerdings empfohlen, sich selbstständig zu machen, erst einmal hinauszugehen und sich das Know-how anderswo zu holen. Dabei würde ich ihr gern helfen."

Ihre Freizeit verbringt Catherina am liebsten in der Natur. Wie ihr Vater und ihr Bruder geht sie gern auf die Pirsch. Im Frühjahr 2004 tat sie es Björn nach und legte ihre Jägerprüfung ab. Die Jagd ist nicht ihre einzige ausgefallene Leidenschaft, die andere ist das Baumklettern. Dazu sind nicht nur Mut und gute körperliche Voraussetzungen erforderlich, sondern auch eine klettertechnische Ausbildung. Im Frühjahr 2002 hat sie die Ausbildung zum Baumklettern mit einer Prüfung abgeschlossen. Seither erklimmt sie gern die gigantischen Mainau-Bäume. Mehr als die Herausforderung und den Nervenkitzel liebt sie dabei den exklusiven Blick, die Ruhe und das Alleinsein in schwindelnder Höhe – und die Ausnahmesituation. Die sucht sie auch manchmal unter Menschen. Eine Zeit lang hat sie beispielsweise auf dem Münchner Flughafen beim Service gejobbt, der Stelle, an die sich Fluggäste wenden, wenn sie in Schwierigkeiten irgendwelcher Art sind, zu spät oder ohne die erforderlichen Unterlagen. Dabei hat sie viel gelernt über menschliches Verhalten in Ausnahmesituationen, denn eine solche ist es ja, wenn man am Flughafen steht, das Gepäck bereits aufgegeben hat und nun plötzlich mit unerwarteten Problemen konfrontiert wird. Viele reagieren mit Aggression, überspielen ihre Verunsicherung mit der Flucht nach vorn, aber auch mit der Entladung ihrer Anspannung auf vermeintlich Schwächere. Diese Blitzableiterfunktion hat Catherina trotz allem Unbill für sich nutzbar gemacht: Sie hat viel über Menschen gelernt, ist um Illusionen ärmer und um Anwendungsmöglichkeiten ihrer Schlagfertigkeit reicher geworden.

Graf Christian Wolfgang wurde 1979 geboren. Seine erste Liebe gehört der Literatur. Er hat früh mit dem Schreiben begonnen. Wie sein Bruder besuchte er die Steiner-Schule in Kreuzlingen, musste sie jedoch verlassen, weil dort keine Oberstufe angeboten wurde. Er wechselte auf das Konstanzer Humboldtgymnasium, wo er 2000 sein Abitur machte – ohne dass er sich besonders angestrengt hätte. „Er schaffte es spielend, tat in der Schule nur das Allernotwendigste", kommentiert Gräfin Sonja. Nach dem Abitur war er als Assistent beim Europäischen Kulturforum Mainau tätig, zu dessen Gründungsmitgliedern er gehört. Mitte 2001 trat er seinen Zivildienst im Zentrum für Psychiatrie Reichenau an. Dort arbeitete er in der Aufnahmestation für akute Fälle und lernte die unterschiedlichsten Krankheitsbilder kennen.

Vielleicht haben diese Erfahrungen seine Bereitschaft geweckt, die vermeintlich wichtigen Dinge des Lebens kritisch zu betrachten. Seine Gedichte, die er 2002 in einem Band mit dem Titel „Alles was bleibt ist Staub und Licht" veröffentlicht hat, bleiben niemals an der Oberfläche, sondern benutzen ihre Erscheinungen lediglich als Einstieg in das Dahinter, sei es ein Wassertropfen, der dazu anregt, sich selbst als einen Teil eines Kreislaufs zu begreifen oder seien es „Straßen voller leerer Menschen", die gegen den Tod ankämpfen wollen. Leben und Tod, Werden und Vergehen, Ordnung und Chaos sind Themen seiner Texte. Immer wieder tauchen existenziellen Fragen auf, genauso wie Träume, Tränen, Trauer und die Suche nach einem Lebensziel. Trotzdem breitet sich keine Düsternis aus, sondern irgendwo setzt sich immer die Sehnsucht nach einem Ausweg durch: „Wenn es Mensch heißt / soll es schweigen / staunen / und lernen". Die Gedichte enthalten eine ganz eigene Kritik an menschlichen Verhaltensweisen, die rein zweckorientiert sind. Selbstkritische Diagnosen werden gestellt: „Blind sind wir / für das / was uns nichts nutzt." Oder: „Wir sind bequem / und es ist einfacher / zu zerstören / als zu erschaffen."

Christian scheut nicht den genauen Blick auf und hinter die Dinge, auch wenn dieser etwas offenbart, was die meisten Menschen nicht sehen wollen. Es ist das Nichtsehen, das die Probleme schafft, Gleichgültigkeit und Oberflächlichkeit erzeugt. In Christians Texten schwingt ein soziales Bewusstsein mit, ohne sich zu sehr in den Vordergrund zu drängen. Die Texte bleiben hermetisch. Manche erschließen ihre komplexe Dimension erst beim Lautlesen. Ihr Rhythmus zeugt von großer Musikalität, und das kommt nicht von ungefähr, denn die Musik ist neben der Literatur seine Leidenschaft. Er spielt Gitarre in einer Band, die regelmäßig in einem im Schlosskeller gelegenen Übungsraum zusammenkommt. Graf Christian absolvierte ein halbjähriges Praktikum im Kulturladen in Konstanz, der regionale und überregionale Musikgruppen repräsentiert und die Vorentscheidung zum alljährlichen Wettbewerb der Bands veranstaltet. Im Rahmen dieses Praktikums war er zuständig für die Künstlerbetreuung, hat also Erfahrungen gesammelt, die ihm im Umgang mit Stars, die auf Einladung des Europäischen Kulturforums Mainau auf der Insel auftreten, sicher noch von Nutzen sein werden.

1982 wurde Comtesse Diana geboren. Das jüngste Kind der gräflichen Familie Bernadotte gründete als Erste eine eigene Familie. Im September 2003 heiratete sie den Schornsteinfegermeister Bernd Grawe, am 13. Februar 2004 kam ihre Tochter Paulina Marie zur Welt. „Am wenigsten hat das ihre vier Geschwister überrascht", erzählt Gräfin Sonja, „denn als Nesthäkchen nahm Diana schon immer eine Sonderrolle ein." Ihre eigene Beziehung zu ihrer jüngsten Tochter ist nicht unkompliziert. Kurz nachdem diese geboren wurde, starb Gräfin Sonjas Vater. Das hatte unter anderem zur Folge, dass sich ihre Mutter Anita, die nun verwitwet war, sehr intensiv um das Neugeborene kümmerte. Sie versuchte, sich mit dieser neuen Aufgabe von dem schmerzlichen Verlust abzulenken. Gräfin Sonja, die beruflich und familiär stark gefordert war, konnte Entlastung vertragen. Sie war froh, ihre Tochter in guten Händen zu wissen und so schlossen sich Großmutter und Enkelin eng zusammen.

Weil ihre Geschwister schon alle aus dem Haus waren, schlug Gräfin Sonja Diana nach der Grundschule vor, doch nach Salem ins Internat zu gehen. Diana willigte ein, wollte das Internat jedoch während der nächsten Jahre mehr als einmal verlassen. Ihre Mutter ermutigte sie zum Durchhalten, aber nach der mittleren Reife hatte sie endgültig genug und ging als Aupair nach Schweden, um ihre Sprachkenntnisse weiter zu entwickeln. Danach absolvierte sie ein Praktikum bei der Mainau-Floristik, die kunstvolle Blumengestecke erstellt. 2000 lernte sie bei einer Hutmodenschau in Neuburg an der Donau Ute Patel-Mißfeldt kennen und gewann im Atelier der Malerin und Kulturmanagerin erste Einblicke in deren kreativen Schaffensprozess. Die Künstlerin stellte einige Male auf der Mainau aus, im September 2001 unter dem Motto „Mut zum Hut." Diana half nicht nur bei den Vorbereitungen, sondern zeigte ihr Talent als Model und führte selbst ausgefallene Hüte vor – offensichtlich mit hinreißendem Charme und großem Vergnügen. Denn auf allen Fotos strahlt sie Freude am Präsentieren der extravaganten weiblichen Accessoires aus. Anschließend machte sie ein Praktikum bei der Modistin Karin Zeisberger in Waldfenster bei Bad Kissingen und begann dort im Herbst 2002 den zweieinhalbjährigen Ausbildungsgang zur Modistin. Sie entschied sich für einen Berufsweg, in dem sie Phantasie, ästhetisches Empfinden, Sinnlichkeit und Handwerk miteinander verbinden kann.

Gräfin Sonja erwischt sich manchmal dabei, die Rolle einer Beobachterin einzunehmen, die von außen auf Dianas junge Familie blickt. Zunächst tauchten in ihr immer wieder die üblichen mütterlich-sorgenvollen Fragen auf: Wird die Beziehung funktionieren? Haben die beiden eine gemeinsame Basis? Werden sie es miteinander schaffen? Sie kennt zwar ihre eigenwillige Tochter gut genug, um zu wissen, dass diese sich behaupten kann, aber sie weiß auch, dass hinter deren Entschiedenheit und Durchsetzungsfähigkeit eine große Empfindsamkeit steckt. Als im Dezember 1997 Gräfin Sonjas Mutter starb, bedeutete das besonders für Diana einen Riesenverlust, über den sie lange Zeit nicht hinwegkam. Sie suchte nach einem Halt, fand ihn jedoch nur bedingt in der Familie Bernadotte. „Sie hat einen sehr engen Kontakt zu ihrer ältesten Schwester, sie hat einen zunehmend sehr positiven Kontakt zu ihrem Vater. Sie hat einen eher problematischen Kontakt zu mir," resümiert Gräfin Sonja und ist froh, dass ihre Tochter nun offensichtlich einen Anker gefunden hat. Ihr Schwiegersohn Bernd Grawe, der bereits einige Jahre Junggesellenleben hinter sich hatte und eigentlich gar nicht heiraten wollte, gefällt ihr. Sie ist zuversichtlich, dass Diana, die so sehr unter dem Tod ihrer Großmutter gelitten hat, auf dem besten Weg ist, sich eine stabile Lebensperspektive zu schaffen. Damit einhergehend entspannt sich auch die Beziehung zu Gräfin Sonja, die erklärt: „Für mich als Mutter ist es eine spannende Situation, zum ersten Mal bei einem meiner Kinder zu beobachten, wie sich die Partnerschaft entwickelt und zu reflektieren, was ich wohl selbst an gelebtem Beispiel dazu einbringen konnte."

Ihre Enkeltochter Paulina Marie hat Gräfin Sonja zu einer Haltung verführt, die normalerweise ungewöhnlich für sie ist und über die einige ihrer Freunde ein wenig schmunzeln: Inkonsequenz. Hatte sie nämlich vorher immer wieder angekündigt, bestimmt nicht als Betreuerin ihrer zukünftigen Enkel fungieren zu wollen, so ergreift sie nun doch jede Gelegenheit, um mit Paulina Marie zusammen zu sein. Geboren wurde das Kind unter dramatischen Umständen: Obwohl sie kurz vor der Niederkunft stand, hatte es sich Gräfin Diana nicht ausreden lassen, an der

Beerdigung der besten Freundin ihrer Mutter, die im Februar 2004 plötzlich verstorben war, teilzunehmen. Die Trauerfeier fand in Oy im Allgäu statt und die Ärzte hatten Diana von der Fahrt abgeraten. Vergeblich, sie wollte unbedingt dabei sein. Es kam, was kommen musste: In der Kirche setzten die Wehen ein und wurden immer heftiger. Zum Glück waren Ärzte zugegen und brachten Diana in die Klinik nach Kempten, wo das Kind einige Tage später zur Welt kam. Für die Familie Bernadotte war es ein skurriles und beeindruckendes Erlebnis, denn an diesem schweren Tag in Oy lagen Leben und Tod, Ankunft und Abschied eng beieinander. Sie durchdrangen sich sogar gegenseitig und sorgten letztendlich bei den Trauernden für Hoffnung, weil ihr Blick auf die Zukunft gelenkt wurde.

Wenn Gräfin Sonja ihr Enkelkind in die Arme nimmt, geschieht mit ihr von einer Sekunde auf die nächste eine Verwandlung. Wurde vorher noch mehr oder weniger energisch Organisatorisches besprochen, der Taschenkalender zurate gezogen und ein Termin fixiert, scheint die Zeit plötzlich für eine Weile vollkommen still zu stehen, um dann in einen ganz anderen Rhythmus einzutreten. Der ist langsamer und gehorcht nicht mehr den äußeren Einflüssen und Notwendigkeiten. Die scheinen für Gräfin Sonja in diesem Moment ohne jede Bedeutung. Es stellt sich augenblicklich eine vollkommene Symbiose zwischen ihr und ihrem Enkelkind her, die alles andere völlig in den Hintergrund rücken lässt. Einige Zeit später widmet sie sich allerdings schon wieder ganz den Erfordernissen der Gestaltung des Alltags. Das enge Nebeneinander von Kontemplation und Organisation ist verblüffend. Gräfin Sonja hat sich die Fähigkeit bewahrt, einen Moment des Glücks vollkommen zu genießen. Sie kann für eine bestimmte Zeit ganz darin aufgehen, vermag sich allerdings auch wieder zu lösen.

Ein ähnlicher Augenblick ist auf einem Foto zu entdecken, das vor über zwanzig Jahren entstanden ist: Gräfin Sonja hält ihre vor

Mit Catherina 1977

wenigen Tagen geborene Tochter Catherina im Arm. Graf Lennart beschreibt das Bild mit großer Gemütsbewegung: „Es ist unerhört. Es ist aufgenommen, ohne dass es ihr bewusst war. Der Fotograf hat zunächst ein Foto gemacht und dann hat er gesehen, wie sie wieder in sich versunken ist. Versunken in ihr Glück, mit einem winzigen zufriedenen Lächeln. In diesem Moment hat er sie noch einmal aufgenommen. Vollkommen versunken in sich und in ihr Glück. Da weiß sie gar nicht, dass sie fotografiert wird. Das sieht man ihr an. Und sie strahlt ja von innen. Das ganze Foto strahlt. Es ist ein tolles Bild. Es sagt ja alles über sie und eigentlich auch gar nichts. Er war ein toller Fotograf, ein Fotograf des Augenblicks, lange Zeit unser „Hoffotograf". Er hat nie gestellt, er war einfach dabei und hat immer wieder geknipst und geknipst und geknipst, und da kam das Leben raus. Man spürt diese Einheit zwischen Sonja und dem Kind. Alles andere ist völlig unwichtig: Wer da fotografiert oder was da passiert – absolut unwichtig. Sie ist vollkommen weggetreten vom Fotografen und von allem. Sie ist Mutter. Ja, es ist ein tolles Bild."

Heute ist Gräfin Sonja stolz und glücklich über ihr erstes „richtiges" Enkelkind. Bisher hatte sie ja nur die so genannten „Beute-Enkel" aus der ersten Ehe ihres Mannes. Während das Verhältnis zu ihren Stiefkindern, außer zur ältesten Tochter ihres Mannes, Gräfin Birgitta, eher problematisch ist, kommt sie mit der nächsten Generation gut zurecht. Allerdings gibt es durch die besondere Familienkonstellation, den großen Altersunterschied zwischen Gräfin Sonja und Graf Lennart, manchmal skurrile Situationen. Eine wird in der Familie Bernadotte sehr gern erzählt: Als Gräfin Sonja nach der Geburt ihrer Tochter Diana noch im Krankenhaus lag, wollte sie der älteste Sohn ihrer Stieftochter Birgitta, der zu diesem Zeitpunkt Ende zwanzig war, dort besuchen. Da sie gerade ihr Baby stillte, musste er warten und schaute sich auf der Säuglingsstation um. Eine Krankenschwester hielt ihn für einen jungen oder werdenden Vater und bot ihm an, ihm den Weg zu seiner Frau zu zeigen, aber er wehrte ab und sagte, er habe das Zimmer schon gefunden: „Ich muss noch ein bisschen warten. Ich will nämlich zu meiner Omi, und die stillt gerade."

Gräfin Sonjas Verhältnis zu ihren eigenen Kindern ist seit einiger Zeit durch Loslösungsprozesse bestimmt. Sie hat jetzt das Gefühl, von dem einen oder der anderen ziemlich weit weggerückt zu sein und registriert das mit einem gewissen Bedauern. Gleichzeitig weiß sie jedoch, dass es sich um eine ebenso gesunde wie notwendige Phase handelt, die es zu durchleben gilt. Sie lässt es geschehen, nimmt sich zurück und hofft, dass die Eltern-Kind-Beziehung so weit wie möglich geschont wird. Für sie selbst gibt es nämlich nichts Schlimmeres, als Mütter, die ihren Kindern ständig unter die Haut krabbeln und alles wissen wollen, was sie beschäftigt und was um sie herum vorgeht. Bei ihren Eltern hat sie das nie erlebt und rechnet es ihnen hoch an, dass sie auch in heiklen Situationen ihre Neugier gezähmt, ihrer Tochter vertraut und sie nicht bedrängt haben. „Es ist ein Riesengeschenk, wenn die Eltern in der Lage sind, sich rauszuhalten, wo man sich raushalten sollte," stellt sie anerkennend fest.

Untereinander verstehen sich ihre fünf Kinder sehr gut – mit allen Spannungen, die eine Geschwisterbeziehung manchmal mit sich bringt. Besonders die Offenheit, in der alle Fünf miteinander umgehen, imponiert Gräfin Sonja immer wieder. Sie sprechen über Pläne, Vorhaben, äußeren Vermutungen, wenn einer schweigt, fragen nach, aber respektieren auch, wenn jemand sich noch nicht klar äußern will. Alles ist in Bewegung, der Austausch funktioniert, man redet miteinander. Es gibt auch ab und zu gemeinsame Unternehmungen, die sich jedoch von der Organisation her zunehmend schwieriger gestalten, weil allmählich Partnerinnen und Partner der Geschwister dazukommen. Gräfin Sonja nimmt an, dass die Fünf untereinander sehr viel mehr voneinander wissen, als ihr als Mutter mitgeteilt wird. Natürlich

Ferien in Schweden 1994

gibt es gewisse Konstellationen, die sich enger aneinander angeschlossen haben, zum Beispiel zwischen Bettina und Diana und zwischen Björn und Christian. Bettina übernahm schon früh die Funktion der Ersatzmutter für ihre kleine Schwester Diana, und die beiden Jungen hielten sowieso immer zusammen. Das Sandwich-Kind Catherina hatte es immer am schwersten, weil es übrig blieb, aber mittlerweile gibt es zwischen ihr und ihrer älteren Schwester und zwischen ihr und ihrem älteren Bruder gewisse Verbindungen.

Obwohl sie schon seit Jahren eigene Wohnungen haben, behielten alle Kinder ihr Zimmer im Schloss. Sie können nach Hause kommen, wann immer sie wollen und tun das auch oft und gern. Dort gibt es klare Regeln, deren Einhaltung ihnen manchmal etwas schwer fällt. Von der Disziplin her ist Gräfin Sonja nicht immer ganz zufrieden, aber sie tröstet sich mit dem Gedanken, dass ihre Kinder mittlerweile erwachsen sind und die

Zeit vorbei ist, dass sie sie erziehen muss. Scherzhaft stellt sie fest: „Wenn ich es bis jetzt nicht in sie reingekriegt habe, muss ich halt sehen, dass ich so damit leben kann."

Sehr froh ist sie darüber, wie alle fünf Kinder ihr Verhältnis zum Vater ausgebaut haben und dieser die Nähe genießt. Es hat sich die von Anfang an sehr liebevolle Beziehung zwischen ihnen noch verfestigt. Sie ist heute von gegenseitigem Interesse geprägt. Alle Kinder haben seine Bücher gelesen, sind also gut informiert und können jetzt im persönlichen Gespräch noch mehr in die Tiefe gehen. Manche Dinge aus seiner Vergangenheit wollen sie einfach immer wieder direkt von ihm selbst hören: Wie war es früher? Warum bist du ausgestiegen aus dem schwedischen Hof? Welche Konsequenzen hat das gehabt?

Gräfin Sonja war neunundzwanzig Jahre alt, als sie ihr erstes Kind bekam. Sie befand sich mitten in einer aufregenden Phase ihres Lebens, die bestimmt war durch die Verbindung mit Graf Lennart, die Klärung des Verhältnisses zu seiner ersten Familie und die beruflichen Herausforderungen. Große Unterstützung in der Kindererziehung hatte sie in Margarete Erpelt. Sie lernte die Stuttgarter Psychologin in ihren ersten Ehejahren durch eine Freundin kennen. Margarete Erpelt lehrte an der Fachhochschule für Sozialpädagogik und erarbeitete im Auftrag des baden-württembergischen Wissenschaftsministeriums die Lehrpläne für die neuen Studiengänge in diesem Bereich. Dabei kümmerte sie sich sowohl um die Ausbildung von Kindergärtnerinnen als auch um die von Fachhochschulabsolventen. Eins ihrer Ziele bestand darin, die Kreativität als Lehr- und Lernelement in die Ausbildungsgänge einzubeziehen und zu beweisen, dass dadurch die Effektivität des Lernens gesteigert wird. Außerdem begleitete sie viele Studentinnen und Studenten als Supervisorin und war Direktorin des Fröbel-Seminars.

Heute, im Alter von über achtzig Jahren, wirkt Margarete Erpelt immer noch als Beraterin. Zu ihren Unterrichtsfächern gehörten früher auch Heilpädagogik und Geistesgeschichte, noch heute betreibt sie ihre Studien weiter und engagiert sich dort, wo es ihr wichtig ist. Sie ist eine begeisterte Leserin. Ihre Wohnung birgt eine ausgewählte Bibliothek, in der auch die Werke ihres Lehrers Eugen Herrigel zu finden sind. Bei dem Verfasser des berühmten Kultbuchs „Zen in der Kunst des Bogenschießens" hat sie in den dreißiger Jahren studiert. Seine Lehre hat sie verinnerlicht und die Konzentrations- und Kontemplationsfähigkeit in den Alltag hineingenommen. Gespräche mit ihr sind Abenteuer der Assoziation. Wenn man sich von ihnen davon tragen lässt, kann man an einem einzigen Nachmittag in Margarete Erpelts Wohnzimmer in Stuttgart, umgeben von Büchern und Schriften, nicht nur viele Orte, sondern auch die unterschiedlichsten Zeiten gedanklich durchqueren. Hier ein Halt, dort eine Zwischenstation, dann geht es weiter, ohne Hast, im eigenen Tempo, immer auf das Gegenüber achtend.

Gräfin Sonja erzählt, Margarete Erpelt habe sie während der Jahre der Erziehung in ihrer wachen und zurückhaltenden Art und Weise beraten und damit auch den Werdegang ihrer Kinder begleitet. Dass sie als Ansprechpartnerin zur Verfügung stand, gab ihr Sicherheit und ein Stück Gelassenheit. Gemeinsam reflektierten sie Entwicklungen oder bestimmte Konfliktsituationen. Die Psychologin half ihr dabei, die Talente, Fähigkeiten und Neigungen der Kinder hervor zu locken und bildete ein wichtiges Korrektiv. Immer dann, wenn Gräfin Sonja das tat, was die meisten Eltern ab und zu tun, nämlich die eigenen Wünsche und Pläne auf ihre Kinder zu projizieren, griff sie ein und brachte Licht in diese meistens nebelhaft bleibenden Bereiche. Für Gräfin Sonja bedeutete es eine große Entlastung, diese kompetente und anteilnehmende Frau an ihrer Seite zu wissen. Die Kinder dankten es ihr und gingen später mit ihren Sorgen und Problemen direkt zu dieser Freundin der Familie, die sie schon so lange kannten. Gräfin Sonja beobachtete das mit großer Zufriedenheit. Es war beruhigend, dass die Kinder Margarete Erpelt

Im weißen Saal 1989

genauso viel Vertrauen schenkten, wie sie es tat. Für Gräfin Sonja bedeutete der Blick von außen auf ihre Familie, den ihr Margarete Erpelt eröffnete, ein wertvolles Regulativ. Manchmal unterschied er sich nämlich erheblich von ihrem eigenen.

Was sie ihrer Freundin und Psychologin noch heute hoch anrechnet, ist, dass diese nie versucht hat, sie zu beeinflussen. Sie hat ihre Aufmerksamkeit für Dinge geweckt, die sie wahrscheinlich übersehen hätte, aber weder eine Handlungsanweisung noch eine -aufforderung ausgesprochen. Damit hob sie sich wohltuend von einer Reihe gut meinender Freundinnen und Tanten ab, die ihr sogar Vorwürfe machten. „Du hast zu wenig Zeit. Du kümmerst dich zu wenig um deine Kinder. Und dass du sie an Fasnacht auf die Bühne schleppst, bekommt ihnen bestimmt nicht gut.“ Gräfin Sonja ließ sich jedoch kein schlechtes Gewissen einreden. Dazu wusste sie selbst zu genau, was ihren Kindern gut tat. Sie hielt die Ratgeber auf Abstand und sagte ihnen, sie entscheide selbst, was für ihre Kinder geeignet sei. Ihre Erziehungsmaximen fasst sie heute so zusammen: „Für mich war in der Erziehungsarbeit wichtig, dass ich selber wahrhaftig geblieben bin, dass ich mich nicht verbogen habe. Ich habe nichts gesagt oder getan oder von den Kindern verlangt, wohinter ich nicht hundertprozentig stehen konnte. Das war für mich eigentlich immer das Wichtigste, genau wie eine gewisse Eindeutigkeit im Verhalten.“

Irgendwann tauchte sogar der Plan auf, gemeinsam mit Margarete Erpelt ein Buch über Kindererziehung zu schreiben, in dem Gräfin Sonja für die praktischen Beispiele und Erkenntnisse aus eigenem Erleben und die Psychologin für die wissenschaftliche Einordnung und Strukturierung zuständig sein sollte. Es würde sie immer noch sehr reizen, denn sie gibt ihre Erfahrungen gern weiter und weiß: „Kindererziehen ist das Schwierigste, was es gibt.“

Sie war und ist sich ihrer privilegierten Situation bewusst, sowohl finanziell als auch personell, die es ihr erlaubte, den Kindern ein reiches Freizeitangebot zu ermöglichen. Die Mädchen gingen zum Ballett-Unterricht, die Jungen ins Judo-Training. Tennis und Reiten interessierte sie hingegen nicht. Björn erwies sich bald als sehr guter Schwimmer. Ihm wurde empfohlen, in einen Verein einzutreten, um kontinuierlich zu trainieren, aber Gräfin Sonja lehnte ab. Sie wollte ihren Sohn nicht unter Freizeitstress setzen. Ob das in diesem Fall richtig war, weiß sie nicht, aber es war eben nie ihre Intention, aus ihren Kindern – für ihren eigenen Stolz – Sportskanonen zu machen. In dieser Hinsicht war sie keine „zielstrebige" Mutter. Sie war und ist der Auffassung, Freizeit müsse wirklich Freizeit sein. Die Kinder sollten selbst wählen, sie wollte sie nicht durch einen organisierten Freizeitplan hetzen.

Da sie aus einer hoch musikalischen Familie stammte, war ihr die Musikerziehung wichtig, aber auch hier verzichtete sie auf eine zu zielgerichtete Förderung. Sie selbst hatte schließlich erlebt, wie ein natürliches musikalisches Umfeld funktioniert. Und sie kannte auch den Druck, dem sie selbst sich nicht hatte unterwerfen wollen. Eine Zeit lang versuchte sie, Akkordeon zu lernen, weil ihr das Instrument gefiel und weil sie ihrem Bruder einen Gefallen tun wollte, aber als nach den ersten Erfolgen, die auf ihr Talent zurückzuführen waren, regelmäßiges Üben erforderlich gewesen wäre, gab sie es wieder auf. Ihr fehlten Ausdauer und Disziplin auf diesem Gebiet. Als Björn sich irgendwann für das Instrument interessierte, griff sie es wieder auf, aber dann legte er es bald zur Seite. Christian lernte zielstrebig Gitarre und blieb dabei, spielt heute in einer Band. Bettina und Catherina begannen mit Blockflöte, Bettina wollte im Gymnasium unbedingt Geige spielen und setzte sich für die Anschaffung dieses teuren Instruments ein. Sie spielte eine der ersten Geigen im Schülerorchester. Irgendwann jedoch, als sie sich aufs Tanzen konzentrierte, blieb die Geige im Kasten. Erstaunlicherweise hat sie dann viel später und mitten in der größten Arbeitsbelastung wieder mit dem Geigespielen begonnen und sogar Unterricht genommen, was ihrer Mutter sehr imponiert und die Bestätigung gibt, dass damals doch nicht alles umsonst gewesen ist. Sie wurde dadurch auch bestärkt in ihrem Glauben an die freie Wahl, die am besten geeignet ist, um Neigungen und Talente zunächst einmal zu entdecken und dann auszubilden. Zwar sei es wichtig, den Kindern erst einmal Welten zu eröffnen, sie anzuregen, ihnen Vorschläge zu machen, aber von Druck oder gar Zwang hat sie immer abgesehen.

Sie hält nichts von nachträglichen Klagen über die verpassten Gelegenheiten und die mangelnde Förderung, die eine Karriere verhindert hätten, und ist darin von Fachleuten bestätigt worden: „Ich habe sehr lange mit Caterina Valente darüber gesprochen, weil es mich interessiert hat, wie sie das sieht. Sie sagte, ein wirklich großes Talent setze sich durch. Unter noch so großen Schwierigkeiten und ungünstigen Bedingungen. Diese Menschen seien so passioniert im Gesang oder im Tanz oder im Schauspiel, dass sie lieber verhungern würden, als aufzugeben und etwas anderes zu tun. Das mache eben auch einen Teil ihrer Qualität aus."

Was Gräfin Sonja ihren Kindern bieten wollte, weil sie es selbst in ihrem Elternhaus erleben durfte, kann man vielleicht mit zwei Stichworten benennen: Harmonie und Konsequenz. Dabei sollte Harmonie nicht in einem äußerlichen und oberflächlichen Sinn verstanden sein, sondern eher im Gegenteil: Sie schließt nämlich Diskussion und konträren Meinungsaustausch überhaupt nicht aus, allerdings vor dem Hintergrund einer grundsätzlichen Übereinstimmung. Gräfin Sonja hält es für wichtig, dass beide Elternteile dasselbe wollen, eine ähnliche Einstellung zum Leben haben und ähnliche Prioritäten setzen. Sie hatte schließlich in der ersten Familie Graf Lennarts ein Beispiel vor Augen, das sie immer wieder nachdenklich machte. Daran ließ sich nämlich deutlich ablesen, wie fatal es sich auswirken kann, wenn Kinder in Verhältnissen aufwachsen, wo diese Gemeinsamkeit nicht oder nicht mehr vorhanden ist. Wenn

Familie Bernadotte pflanzt einen Baum auf der Mainau 1983

es sich dann noch um eine so exponierte Familiensituation handelt wie bei Graf Lennart und Gräfin Karin, ist unschwer vorstellbar, dass der Halt und die Orientierung fehlen. Da kann dann sogar eine Lebenseinstellung wie Großzügigkeit fatal sein, weil sie von den Kindern nicht geschätzt, sondern als Desinteresse ausgelegt wird.

Gräfin Sonja erklärt: „Ich war immer der Auffassung, man muss die Kinder, solange sie klein sind, eng halten. Man muss ihnen sehr klare Richtlinien geben. Und je älter sie sind, desto lockerer darf es werden. Das fand ich an dieser so genannten antiautoritären Erziehung immer völlig verkehrt. Wenn man Kinder gleich loslässt und nicht erzieht, holt man das nie wieder ein. Also, eine etwas strengere und konsequentere Erziehung im sehr frühen Stadium halte ich für praktikabler, als nachher die Zügel anziehen zu wollen. Unter diesem Aspekt habe ich viele Entscheidungen getroffen."

Sie ergänzt allerdings sofort, dass diese Konsequenz eingebettet sein muss in ein Gefüge aus Sicherheit und Verständnis. „Das Erleben einer ganz ursprünglichen tiefen Geborgenheit in all der Hektik und Zerrissenheit unserer Zeit sollte vom Elternhaus möglich gemacht werden. Letztendlich stehe ich auf dem Standpunkt, dass das das Einzige ist, was wir unseren Kindern mitgeben können. Das und eine gute Ausbildung. Alles andere müssen sie selber schaffen. Lebenswichtig ist auch ein grundsätzliches Gefühl des Geliebtwerdens. Das Schlimmste, was man einem Kind antun kann, ist Liebesentzug." Sie findet es unverantwortlich, dass dieser manchmal als Erziehungselement praktiziert wird, räumt allerdings ein, dass er unbewusst zustande kommen kann. Denn manche Handlungsweisen kommen bei den Kindern als Liebesentzug an, ohne dass sie als solcher beabsichtigt waren. Sie kann sich an wenige Situationen in ihrer Kindheit erinnern, in denen das passiert ist. Es hat ihr unendlich wehgetan. Sie weiß heute, dass es mit ihr nichts zu tun hatte, sondern dass ihre Eltern wahrscheinlich überlastet waren, sich deshalb für kurze Zeit innerlich zurückzogen und einfach in Ruhe gelassen werden wollten, damit jedoch ihre kindlichen Sorgen bagatellisierten. Sie fühlte sich allein gelassen mit ihrem großen Kummer. Denn selbst der kleinste Kummer erscheint ja einem Kind riesengroß. Ganz selten ist das in ihrer Kindheit geschehen, aber die wenigen Male sind ihr heute noch präsent. Deshalb hat sie beschlossen, gerade darauf bei ihren Kindern verstärkt zu achten.

Auch das Personal sollte natürlich Gräfin Sonjas Vorstellungen von Erziehung teilen. Die Kindermädchen wurden diesbezüglich instruiert. Davon gab es viele. Gräfin Sonja kommt beim Zählen auf dreizehn und einen Hauslehrer, während der Zeit, als die Kinder klein waren. Ab und zu waren Doppelbesetzungen erforderlich, denn wenn das Grafenpaar unterwegs war, musste die Betreuung rund um die Uhr gewährleistet sein. Natürlich passierten hin und wieder auch unerfreuliche Dinge. Gräfin Sonja erinnert sich an eine Kinderfrau, die sehr bestimmend war und in kürzester Zeit ein kleines Regiment aufgebaut hat, sodass die Kinder sich mit der Frage: „Sag mal, Mami, hast du gar nichts mehr zu sagen?“ an ihre Mutter wandten. Da musste man sich natürlich umgehend trennen. Genau wie von einem anderen Kindermädchen, das strenge Strafen zu verhängen pflegte. Am Wochenende, wenn Gräfin Sonja mit ihren Kindern allein war, wurde sie dann mit dem Strafregister und den Maßnahmen ihrer Angestellten konfrontiert. Irgendwann platzte ihr der Kragen, sie wehrte sich dagegen und sagte dem Kindermädchen: „Du erwartest von mir, dass ich das, was du während der Woche nicht auf die Reihe gekriegt hast, am Wochenende vollziehen soll – da mache ich nicht mit. Ich will am Wochenende unbeschwert mit meinen Kindern zusammen sein. Da werde ich die von dir verhängten Strafen und Verbote bestimmt nicht ausführen.“

Es war oft eine etwas heikle Gratwanderung, den Kinderfrauen einerseits genügend Freiheit zu lassen, sodass sie die Kinder so begleiten konnten, wie es ihren eigenen Auffassungen entsprach, aber andererseits noch die Akzente zu setzen, die der Familie Bernadotte wichtig waren. Glücklicherweise waren nicht nur professionelle Betreuer für die Bernadotte-Kinder da, sondern auch Verwandte und Freunde. Gräfin Sonjas Eltern, besonders ihre Mutter, brachten sich stark ein, wohnten zeitweise sogar im Schloss. Die Kinder blieben also während der Abwesenheit der Eltern in ihrer vertrauten Umgebung, in der sie sich geborgen fühlten, mussten ihr eigenes Zimmer, das kleine Reich, in das sie sich zurückziehen konnten, nicht verlassen und wussten Menschen um sich herum, die ihnen vertraut waren. Neben den Großeltern standen auch Rose Stauß und Volkmar Leutenegger zur Verfügung. Rose Stauß begann 1977 stundenweise auf der Mainau zu arbeiten, zunächst als Aushilfe im Sekretariat und in der Buchhaltung. Seit 1989 ist sie die Privatsekretärin der Familie Bernadotte. Im Rahmen dieser Tätigkeit entwickelte sich eine enge Beziehung zu den Kindern. Rose Stauß kümmerte sich um schulische Belange, besuchte Elternabende und stand „unseren Junioren", wie sie sie zärtlich nennt, als Gesprächspartnerin zur Seite. Genauso wie Volkmar Leutenegger, der die Rolle eines Ersatzvaters einnahm. In diesen beiden Menschen hatten und haben die Kinder zwei warmherzige erwachsene Freunde, die sich gut in sie hineinversetzen können, ihr Vertrauen genießen und einen selbstverständlichen und unkomplizierten Umgang mit ihnen pflegen. Damit war eine nahezu ideale Situation geschaffen, denn die Kinder waren von Beginn an nicht allein auf ihre Eltern fixiert, sondern sahen sich von mehreren Bezugspersonen begleitet, die ähnliche Lebensmaximen und Werte transportierten und ihnen ein stabiles Sicherheitspolster boten.

Eine bedeutende Komponente innerhalb ihrer Erziehungsarbeit stellte für Gräfin Sonja Wachsamkeit dar. Es gab in ihrer Umgebung nicht wenige Beispiele dafür, dass Eltern sich mit einer heilen Oberfläche zufrieden gaben, sogar meinten, alles laufe blendend und dabei gar nicht merkten, dass ihre Kinder mit den größten Problemen zu kämpfen hatten. Den traurigen Fall eines drogenabhängigen Jungen gab es in ihrer unmittelbaren Umgebung. Als die Tragödie ans Tageslicht kam, waren seine Eltern fassungslos und verstanden überhaupt nicht, wie es passieren konnte. Sie hatten sich zu lange erfolgreich im Vorbeischauen und Übersehen geübt. Um ihre eigene Sensibilität zu schulen, ließ sich Gräfin Sonja von Margarete Erpelt darüber aufklären, welche familiären oder sozialen Verhältnisse eine Drogenkarriere begünstigen. Außerdem nahm sie an einer Aufklärungsveranstaltung des baden-württembergischen Innenministeriums teil, als ihre älteste Tochter Bettina etwa dreizehn Jahre alt war. Sie ließ sich das komplette Informationsmaterial aushändigen, legte die Broschüren zu Hause aus und empfahl ihren Kindern, sich damit zu beschäftigen. „Ich hab sie aufgefordert: Lest es einfach, und dann fragt mich, wenn es euch interessiert." Heute weiß sie, dass alle Kinder sich intensiv damit befasst haben, und sie vermutet, dass sie es, wie die meisten Jugendlichen, auch ausprobierten.

Sie erinnert sich: „Ich habe sie von Zeit zu Zeit wirklich mit allen Regeln der Kunst auszufragen versucht, aber nie eine klare Antwort erhalten, aber ich hatte auch nie das Gefühl, dass ich da näher hingucken muss. Es ist alles in allem ein Schreckgespenst erster Güte. Davor hatte ich eine Mordsangst. Ich glaube, heute sind alle darüber hinweg. Ich kann mir nicht vorstellen, dass da jetzt noch etwas passiert." Eine absolute Sicherheit – das ist ihr vollkommen klar – gibt es jedoch nicht, genau wie in den meisten Fragen, die die Kindererziehung betreffen. Aber – darauf besteht Gräfin Sonja nachdrücklich – bei aller Sorge um die Kinder dürfen die Eltern nicht zu kurz kommen. „Einer der größten Fehler besteht darin, dass Eltern ihre Bedürfnisse nicht anmelden. Denn die Kinder können es ja nicht riechen. Wenn man es ihnen nicht sagt, können sie es nicht wissen." Sie sagte ihren Kindern immer, was ihr nicht gefiel und hat das bis heute beibehalten. Da die Fünf innerhalb der fest markierten Eckpunkte, die sie ihnen setzte, sehr frei aufwuchsen, äußern sie sich heute manchmal auch sehr frei und sind dann erstaunt, wenn ihre Mutter ungehalten reagiert. „Dann sage ich ihnen: ‚He, ich bin immer noch eure Mutter, vergesst das bitte nicht. Ich will in diesem Ton nicht von euch angesprochen werden.' Dann kann es richtig Ärger geben."

Die Kinder müssen wissen, woran sie sind und ihre Eltern als eigenständige Persönlichkeiten mit eigenen Wünschen respektieren. Diese Erkenntnis hat sie ihren Eltern zu verdanken, die von

Anfang an ihre Bedürfnisse angemeldet und deutlich signalisiert haben: Wir sind uns wichtig! Sie erzählte Graf Lennart immer wieder davon, denn er war noch traumatisiert von den Erfahrungen mit seiner ersten Familie. Nach der Geburt der Kinder spielte er für seine Frau nämlich nur noch eine untergeordnete Rolle. Nun hatte er nicht vor, diesen Zustand zu wiederholen, aber Gräfin Sonja wollte ihm beweisen, dass sich ein Familienleben nicht zwangsläufig so gestalten musste, wie in seiner ersten Ehe. Dadurch war sie gezwungen, schon vorher relativ viel über ihr zukünftiges Familienleben zu sprechen, was ihrem spontanen Wesen nicht unbedingt entsprach. Trotz detaillierter theoretischer Beschäftigung mit Fragen der Kindererziehung verließ sie sich gern auf ihre direkte Wahrnehmung: „Ich glaube, es wird oft viel zu viel gelernt und geradezu studiert. Und wenn ich dann ein Kind habe, das überhaupt nicht so funktioniert, wie es in den Büchern steht, was mache ich dann? Ich denke, das natürliche Reagieren im direkten Zusammenleben ist das Allerbeste."

Als Graf Lennart vor der Heirat jedoch vehement ankündigte, er wolle keine Kinder mehr, war es für sie notwendig, in dieser Hinsicht die Zukunft zu planen und die Vergangenheit zu analysieren. Sie unterhielt sich ausführlich mit ihm über seine erste Familie und entnahm seinen Schilderungen bald die Schwachpunkte des Zusammenlebens. Es bewegte ihn sehr, und aus dem Abstand heraus erkannte er, welche gravierenden Fehler er gemacht hatte. Diese hingen in erster Linie mit den Kommunikationsproblemen zwischen ihm und seiner Frau zusammen, die sich mit der wachsenden Kinderzahl immer stärker ausgeprägt hatten und die sie gleichzeitig vor den Kindern verstecken wollten. Gräfin Karin schlug in der Erziehung einen Zickzack-Kurs ein. Einerseits band sie die Kinder eng an sich, andererseits gelang es ihr nicht, sie zu verwurzeln. Bei fast allen entstand eine Bindungsunfähigkeit. Sie benutzten die Mutter als Instrument, um ihren Willen durchzusetzen und profitierten rasch davon, dass Mutter und Vater gegeneinander arbeiteten. Der Vater wich ohnehin eher aus und konzentrierte sich auf andere Aufgaben. Er baute das Unternehmen Mainau auf, sicherte die Existenz, arbeitete damals schwer und unaufhörlich, was jedoch von seiner Familie nicht gewürdigt wurde. Davon hatte er ihr schon erzählt, als sie noch seine Assistentin war und er mit seinen Sorgen nicht länger allein sein wollte. Sie war erschüttert, als sie hörte, wie wenig der von ihr so geschätzte Mann zu Hause anerkannt wurde. Graf Lennart konnte Auszeichnungen bekommen, so viel er wollte, er bekam von seiner Familie niemals auch nur die kleinste Feier ausgerichtet, von einem Lob ganz zu schweigen. Man nahm es selbstverständlich hin oder bagatellisierte es sogar. Er sollte schauen, dass alles gut funktionierte und genug Geld da war. Seine Visionen und Pläne waren nicht von Interesse. Die Kinder betrachteten die Mainau fast ausschließlich unter dem Aspekt des Lustgewinns. Die Frage, womit jeder von ihnen zum Gelingen des Projekts Mainau beitragen könne, tauchte so gut wie überhaupt nicht auf. „Die Krux in der ersten Familie war, dass es kein gemeinsames Elternvorbild gab“, diagnostiziert Gräfin Sonja, „das erzeugt ein Muster, das leider verhängnisvoll ist.“

Wenn sie den Zustand der Institution Familie in unserer Zeit betrachtet, wird ihr manchmal angst. Die vielen gescheiterten Ehen, in denen Kinder zwischen den Eltern hin und her gerissen werden, sodass sich die Frage der Gemeinsamkeit erst gar nicht mehr stellt, beunruhigt sie. Wie sollen Kinder, die aus solchen Verhältnissen stammen, überhaupt bindungsfähig werden? Was sollte sie zu einer dauerhaften Bindung anregen, wenn sie deren Vorzüge nie erlebt haben? Wenn Gemeinsamkeit als Wert überhaupt keine Rolle mehr spielt oder nie gespielt hat. Sie ist froh, als Kind andere Erfahrungen gemacht zu haben und verspürt als Mutter die Verpflichtung, diese konsequent weiter zu geben. Sie weiß: „Man kann den Kindern noch so viel erzählen, wenn man es nicht lebt, glauben sie es nicht. Oder anders gesagt: Du kannst deine Kinder erziehen, so viel du willst, sie werden dir trotzdem alles nachmachen.“

Gräfin Sonja und Graf Lennart waren sich darin einig, dass die Kinder so normal wie möglich aufwachsen sollten, mit sehr wenig Kontakt zum Adel, denn Graf Lennart hatte seit seinem Ausstieg aus der schwedischen Königsfamilie dazu ein schwieriges Verhältnis. Er hatte sich von ihm unabhängig gemacht, freiwillig auf Privilegien verzichtet. Das löste Misstrauen aus. Indem er ein exklusives Terrain verlassen hatte, zu dessen innerem Kreis nicht viele Zugang hatten, war er zu einer Art „Verräter" geworden. Man schaute auf ihn herab und benutzte die Bezeichnung „Aussteiger" wie ein Schimpfwort. In der Erziehung ihrer gemeinsamen Kinder erlebte ihn Gräfin Sonja manchmal als streng, zum Beispiel bei den Verhaltensregeln bei Tisch. Da war sie nicht so konsequent wie er. Sie erinnert sich daran, dass sie sich über das Aufessen gestritten haben. Die Kinder bekamen keine Kinderkost, sondern die gleichen Speisen wie die Erwachsenen. Wenn sie sie nicht ganz aufaßen, sondern Reste stehen ließen, war er ungehalten. Da hätte sie gern ein bisschen mehr Großzügigkeit walten lassen. Mittlerweile weiß sie allerdings die positive Seite seiner Strenge zu schätzen: „Die Kinder wissen heute genau, wie man sich bei Tisch zu benehmen hat und sie wissen, wie man was zu essen hat. Sie haben von ihrem Vater sehr viel Etikette, sehr viel Protokoll mitgekriegt. Und das ist ja heute fast nicht mehr zu lernen – von wem lernt man denn so etwas noch? Ich bin mir in diesen Dingen nicht immer so sicher wie die Kinder."

Graf Lennart war aufmerksam, nahm seine Kinder ernst und forderte sie. Dadurch lernten sie schon früh, wo sie sich wie verhalten und dass sie den Kontext einer Situation mitdenken sollten. Gräfin Sonja erzählt: „Wie alle Kinder kamen sie natürlich irgendwann mit den saublödesten Witzen nach Hause, mit politischen Witzen, die sie selber gar nicht verstanden haben. Und da war Graf Lennart knallhart. Da hat er ihnen entweder gesagt: ‚Hört mal, das ist überhaupt nicht lustig, da ist gar kein Witz drin.' Oder er hat gefragt: ‚Weißt du eigentlich, worin da der

Witz liegt?' Da war er richtig kritisch. Das hat die Kinder geprägt, weil sie aufpassen mussten, dass sie sich nicht blamieren."

Neben dem Verhalten bei Tisch war Pünktlichkeit ein Prinzip, auf das Graf Lennart mit Nachdruck bestand. Gräfin Sonja gibt zu: „Ich bin ja der unpünktlichste Mensch von der Welt, das ist einfach ganz furchtbar, aber Graf Lennart hat es tatsächlich geschafft, dass ich einigermaßen pünktlich erscheine. Und das hat er auch auf die Kinder übertragen. Wenn sie zu spät kommen, gibt es richtig Zoff. Er hat überhaupt kein Verständnis dafür, wenn man die anderen warten lässt."

Graf Lennart war vierundsechzig Jahre alt, als die älteste Tochter Bettina geboren wurde. Er hat oft davon gesprochen, dass er das Aufwachsen der Kinder in seiner zweiten Familie ganz anders erlebt hat als beim ersten Mal. Was sein Alter betraf, so hätte er ja ihr Großvater sein können. Sein Kontakt zu ihnen war von Anfang an durch Nähe und Zärtlichkeit geprägt. Er war ein liebevoller Vater, der seine Kinder gern umarmte und auf seinem Schoß herumkrabbeln ließ. Sie kuschelten alle gern mit ihrem Papi. Außerdem war er voller Phantasie und erzählte ihnen Geschichten, die er sich selbst ausgedacht hatte. Ab und zu organisierte er sogar ganze Expeditionen durchs Schloss, an denen alle beteiligt wurden. Die langen Gänge verwandelte sich in ein Eismeer, das man in einem Boot überqueren musste. Felsen ragten aus dem Wasser. An Bord befand sich ein Kranker. Was tun? Es galt, die steile Felswand zu überwinden. Graf Lennart scheute weder Kosten noch Mühe bei der Anschaffung der Requisiten: Bergsteigerseil, Haken, alles, was man brauchte. Das Boot lief auf Rollen. Die Expeditionsteilnehmer waren mit Feuereifer dabei, auch die Kindermädchen und Angestellten. Sie verstärkten die Rettungsmannschaft. Alle waren begeistert und jederzeit bereit, an einer solchen Phantasie-Expedition teilzunehmen.

Als selbstständige Unternehmer hatten die Bernadottes den Vorteil, dass sie die Schulferien voll auskosten konnten. Da Frei-

Auf der Stella Nova 1983

zeit normalerweise eher Mangelware war, nutzten sie die Ferien, um für einige Wochen als Familie zusammen zu sein. Sie verbrachten den Sommer jedes Jahr in Schweden auf ihrem Schiff, der „Stella Nova". Die Jacht war 27 Meter lang und 6,10 Meter breit und passte damit genau durch den Götakanal, den Graf Lennart fast vierzigmal passiert hat. An ihre gemeinsame Zeit auf dem Schiff denken alle gern zurück. Das Leben auf der „Stella Nova" hat die gesamte Familie zusammengeschweißt, denn hier war Teamgeist gefordert. Jeder musste sich auf den anderen verlassen können, jeder hatte seine spezielle Aufgabe und war wichtig für das Funktionieren des Ganzen. Wenn jemand aus der Gemeinschaft ausgebrochen wäre, hätte das unter Umständen schlimme Folgen gehabt. Die Devise Nummer eins lautete Rücksichtnahme, denn auf so engem Raum, in dem alle alles voneinander mitbekamen, war sie unerlässlich. Die anfallenden Arbeiten wurden aufgeteilt, jeder hatte Küchen- und Kabinendienst, alle halfen im Haushalt. Graf Lennart war der Kapitän. Er bestimmte an Bord. Ihm hatte man bedingungslos zu gehorchen und seine Anordnungen zu befolgen. Was der Käpten sagte, war Gesetz. Alle nahmen es ernst und hatten gleichzeitig viel Spaß dabei.

Einen schwarzen Fleck gibt es für Gräfin Sonja innerhalb der Erziehung der Kinder: Sie konnte sich in ihre religiöse Erziehung überhaupt nicht einbringen und bis heute nicht einschätzen, welche Folgen das nach sich gezogen hat. Sie hatte nämlich mit ihrer eigenen Kirche, der katholischen, eine so große Enttäuschung erlebt, dass sie austrat und in die schwedische Staatskirche wechselte, zu der sie jedoch keine echte Beziehung entwickelte. Sie war ja sehr streng katholisch erzogen worden, hatte sogar eine kurze Zeit in einem klösterlichen Internat verbracht und dort vorübergehend den Plan gefasst, Klosterschwester zu werden.

Religion spielte in der Familie Haunz immer eine Rolle, wenn auch keine konfliktfreie. Ihr Vater war nicht getauft, denn seine Eltern waren überzeugte Atheisten. Wolfgang Haunz brachte seine junge Frau Anita so weit, dass sie aus der katholischen Kirche austrat. In der Kriegsgefangenschaft lernte er jedoch einen katholischen Priester kennen, der ihn stark beeindruckte. Zurück in Litzelstetten ließ er sich sofort taufen, und in ein und demselben Durchgang wurden der Sohn Manfred und die Tochter Sonja ebenfalls getauft. Seine Frau trat wieder in die Kirche ein und dann ließen sie sich katholisch trauen. Gleichzeitig erhielten er und sein Sohn die Erstkommunion. Der Pfarrer hatte empfohlen, das alles sozusagen „in einem Aufwasch" zu erledigen. Damit war der Grundstein gelegt für eine starke katholische Verankerung der Familie Haunz. Sonja war zu diesem Zeitpunkt zweieinhalb Jahre alt und wuchs selbstverständlich damit auf. Ihr ging es in der katholischen Kirche rundherum gut. Sie fühlte sich darin gut aufgehoben, vor allem innerlich. Die vielen regelmäßigen schönen Erlebnisse gaben ihr einen Halt. Sie ging gern in den sonntäglichen Frühgottesdienst und meistens auch noch in die Nachmittagsandacht. Am liebsten mochte sie die Maiandachten. Von der Marienverehrung im Mai zeigte sie sich tief beeindruckt. Ihr Verhältnis zu ihrer Kirche war uneingeschränkt bejahend und positiv. Folglich war ihr Austritt für sie ein schmerzhafter Abschied von etwas, was ihr viel bedeutete. Aber er war notwenig geworden, um klare Verhältnisse zu schaffen. Sie konvertierte schließlich, um den Konflikt, der durch die Verbindung mit ihrem evangelischen Mann entstanden war, nicht auf ihre Kinder zu übertragen. Eine exkommunizierte Mutter, die dann weder zur Erstkommunion noch zur Kommunion gehen konnte, wollte sie ihnen nicht zumuten. Denn das hätte sie unter Umständen riskiert in einer kleinen Gemeinde wie Litzelstetten, wo jeder jeden kennt.

Der Konflikt mit der katholischen Kirche war in ihren Augen völlig unnötig, denn ihr Mann hatte sich bereit erklärt, sich katholisch trauen zu lassen. Er hatte eingesehen, dass seine zukünftige Frau viel mehr in der katholischen Kirche verankert war, als er es in der evangelischen jemals sein würde. Trotzdem weigerte sich die katholische Kirche, das Paar zu trauen. Sonja Haunz war entsetzt, denn man hatte ihr vorher in diversen Gesprächen versichert, es sei überhaupt kein Problem, wenn bei der ersten Eheschließung keine kirchliche Trauung vollzogen wurde, und das war bei Graf Lennart und Gräfin Karin der Fall gewesen. Sie hatten sich seinerzeit nur standesamtlich trauen lassen. Auch deshalb traf sie die Weigerung nun besonders hart.

Als sie schon zwei Kinder hatten, suchte der katholische Pfarrer aus Litzelstetten ihren Vater auf und fragte ihn, ob er nicht auch glaube, dass man die Kinder katholisch taufen sollte. Sie berichtete dem Dompropst von Västeras in Schweden, einem Freund der Familie, davon. Er war genauso entsetzt wie sie und bot ihr an: „Du bist jederzeit in unserer Kirche herzlich willkommen.“ Das gab den Ausschlag für sie, tatsächlich offiziell auszutreten und ihre beiden Kinder evangelisch taufen zu lassen. An dieses Ereignis erinnert sie sich gern, denn es fand an einem Sommertag auf ihrem Schiff in Schweden statt. Björn war gerade ein Jahr alt und Bettina zweieinhalb. Der Dompropst vollzog die Taufe und Anneliese Rothenberger sang das Ave Maria von Schubert auf dem Achterdeck des Schiffs. Alle waren zutiefst gerührt. Kaum war jedoch der letzte Ton verklungen, da ertönte Bettinas Stimme und riss alle aus ihrer Ergriffenheit. Mit den Worten: „Und jetzt krieg ich meine Schokolade“, wandte sie sich an die Sängerin, die den Kindern diese Belohnung versprochen hatte, wenn sie brav waren.

Obwohl sie mit der evangelischen Kirche ausschließlich positive Erfahrungen gemacht hat, bleibt für Gräfin Sonja bis heute ein Wermutstropfen dabei, vor allem dann, wenn ihr Erlebnisse aus der eigenen Kindheit einfallen. Die Mutter hatte jeden Abend mit ihr und ihren Brüdern gebetet, wenn sie sie ins Bett brachte. So etwas konnte sie selbst mit ihren eigenen Kindern nicht tun, jedenfalls nicht mit gutem Gewissen. Sie schätzte Rituale wie das Gebet vor und nach dem Essen, weil sie ihr Rückhalt gaben – genau wie die Beichte, die sie als Kind nicht mochte, jedoch später als Chance nutzte, über das zu reden, was sie belastete. Während in der evangelischen Kirche von Anfang an gefordert wird, eine innere Instanz aufzubauen, die ethische Prinzipien vertritt, bietet die katholische Kirche unmittelbare Entlastung und kümmert sich um das Gemüt der Menschen. Dagegen fühlt sich Gräfin Sonja in der evangelischen Kirche ziemlich auf sich selbst zurückgeworfen. Ihre Kinder haben nie darüber geklagt. Alle haben sich konfirmieren lassen und einen guten Kontakt zu den Pastoren entwickelt. Gräfin Sonjas Befürchtungen, dass ihnen etwas fehlen werde, scheinen grundlos gewesen zu sein. Heute wird über das Thema Religion in der Familie Bernadotte so gut wie gar nicht geredet. Keiner spricht es an, weil alle wissen, dass es für Gräfin Sonja einen wunden Punkt bedeutet und Graf Lennart in dieser Hinsicht auch nicht gerade ein engagierter Gesprächspartner ist. Mehr als einmal wehrte er aufkommende Diskussionen mit den Worten ab: „Wenn es nicht unbedingt sein muss, lasst mich bitte damit in Ruhe." Er wollte ungern an die repressive religiöse Erziehung seiner Kindheit erinnert werden, in der er von seiner Großmutter, Königin Victoria, mit intensivem Bibellesen und Beten regelrecht geplagt wurde. Trotz ihres so unterschiedlichen religiösen Hintergrunds entwickelten Graf Lennart und Gräfin Sonja gemeinsame ethische Prinzipien, die sie ihren Kindern nahe brachten und vor allem vorlebten.

Zur Zeit der Dahlienblüte auf der Mainau

Unternehmerin mit Energie und Phantasie

„Für mich ist die Mainau ein Ganzes, in dem jeder sein kleines Rädchen dreht. Wir sind eine große Familie. Zu meiner Chefin habe ich einen respektvollen Abstand und gleichzeitig eine liebevolle Bindung. Ich freue mich mit ihr und ich leide mit ihr. Ganz gleich, wie es ihr selbst geht, Gräfin Sonja vergisst die Mainau nie. Ihre eigene Befindlichkeit stellt sie hinten an. Für den Betrieb würde sie, glaube ich, auf glühenden Kohlen gehen.“ *(Rose Stauß, Privatsekretärin)*

„Ich empfinde Gräfin Sonja als sehr korrekt. Was mich immer wieder fasziniert, ist ihre unheimliche Disziplin. Ich selber bin auch eine Mitarbeiterin, die voll hinter der Sache steht, die sie macht, sonst würde ich sie nicht tun. Und das ist auch das Schöne an ihr, dass sie voll hinter der Sache steht und so enthusiastisch ist. Sie kann dann vor Begeisterung sprudeln, man spürt, sie bringt es rüber und setzt es durch – das gefällt mir an ihr. Andererseits ist sie manchmal auch sehr hart in ihrem Urteil, aber ich glaube, eine Geschäftsführerin muss das sein können. Ganz einfach gesagt: Die Gräfin gehört zur Insel Mainau, genauso wie die Mainau zur Gräfin gehört.“ *(Marie Regele, Pressereferentin)*

„Sie genießt die Besprechungen, ist eigentlich immer im Dienst. Das ist für sie kein Stress. Dagegen bin ich eher ein Kommunikationsmuffel. Sie ist konfliktfreudig, gibt aber nicht immer klare Zeichen, sondern eher versteckte. Man muss auf der Hut sein, damit man die Signale nicht übersieht, sonst überrascht einen das Fallbeil. Sie lässt nichts liegen, entscheidet spontan, hält ihr Wort und trägt auch die Konsequenzen. Recherche ist nicht ihre Sache, das müssen andere machen. Da zeichnet sie eine rührende Ungeduld aus. Im Auftreten ist sie unbekümmert und überzeugend. Die Motive, die sie antreiben, sind Zuneigung, Wissbegier, Interesse und die Freude am Erfolg. Nicht zu verwechseln mit extremem persönlichen Ehrgeiz. Sie kämpft nicht für sich, sondern immer für die Sache." *(Volkmar Leutenegger, ehem. Geschäftsführer)*

„Sie ist fähig, das Beste aus einem herauszuholen und sie hält einem wirklich den Rücken frei. Man kann sich da auf sie verlassen, was sehr ungewöhnlich ist in der heutigen Welt. Man hat in ihr eine Vorgesetzte, die zu einem hält. Sie vertraut einem und sie erwartet auch Offenheit. Sie hat kein Problem damit, wenn man eine andere Meinung hat. Wenn man diese begründen kann, kann man darüber reden. Und das macht das Arbeiten so angenehm, denn man kann sich wirklich einbringen. Es ist trotz aller Größe ein Familienbetrieb und die Angestellten identifizieren sich mit der Mainau, sie sagen nicht „die Mainauer", sondern „wir Mainauer", und das ist ein großer Unterschied. Das einzige Handikap, das Gräfin Sonja hat, ist, dass sie Perfektionistin ist. Sie hat aber vor allem perfektionistische Ansprüche an sich selbst. Das macht sie glaubwürdig." *(Sabine Neufang, Büroleiterin)*

1981 wurde Gräfin Sonja Bernadotte Geschäftsführerin der Mainauverwaltung Graf Lennart Bernadotte GmbH, die 1998 in Mainau GmbH umgewandelt wurde. Von 1987 bis 2001 teilte sie sich die Geschäftsführung mit Volkmar Leutenegger, und seit 2002 ist sie wieder alleinige Geschäftsführerin des Unternehmens.

Die Unternehmensform ist eine Gesellschaft mit beschränkter Haftung und beschäftigt ganzjährig einhundertachtzig und in der Blumensaison von April bis September fast vierhundert Mitarbeiter. Als Privatunternehmen ohne öffentliche Subventionen arbeitet die Mainau GmbH nach marktwirtschaftlichen Prinzipien. Als Ziele hat das Unternehmen folgende Leitmotive formuliert: Einzigartigkeit der Mainau – Fortschrittliche Adelsfamilie und ihr Schlosspark – Ökonomische und ökologische Balance – Wir für den Gast – Konsequenz in der Qualität – Kreative Weiterentwicklung mit Sensibilität – Die Insel, die als Erlebnis beeindruckt – Unternehmenstransparenz von innen nach außen – Offene Kommunikation und überzeugende Führung – Wir sind gute Geschäftspartner.

Seit Gräfin Sonja und Graf Lennart 1974 die gesamte Mainau in eine Stiftung eingebracht haben, ist die Zukunft der Insel als historischer Park, Ausflugsziel und Kulturstätte auch für kommende Generationen gesichert. Neunundneunzig Prozent des Stammkapitals sind im Besitz der Lennart-Bernadotte-Stiftung, ein Prozent bleibt im Besitz der Familie Bernadotte in Form der Gräfin Sonja Bernadotte GmbH. Die Ausschüttungen der Mainau GmbH an die Stiftung bilden die finanzielle Grundlage für die Erfüllung der gemeinnützigen Stiftungsziele, wie Förderung der Wissenschaften, der Landespflege, des Umweltschutzes, des Denkmalschutzes und der Heimatpflege.

Als erster Botanischer Garten Europas wurde die Mainau GmbH 1998 nach den Richtlinien des EU-Öko-Audits zertifiziert. Das bedeutet unter anderem, dass sich das Unternehmen freiwillig verpflichtet hat, seinen Umweltstandard kontinuierlich anzuheben. Auf der Insel wurde ein eigenes Umweltmanagementsystem eingerichtet, um zu gewährleisten, dass die natürlichen Ressourcen mithilfe moderner Technik so sparsam wie möglich eingesetzt werden. Die freiwillige europäische Umweltprüfung wird im Drei-Jahres-Rhythmus wiederholt.

Zu den aktuellen Maßnamen des Umweltkonzepts der Mainau gehören die Installation einer Holzhackschnitzelheizung, die Einrichtung von Blockheizkraftwerken und die Umstellung auf emissionsarmes Erdgas. Damit wurde der Einsatz fossiler Brennstoffe und damit der CO^2-Ausstoß um mehr als fünfzig Prozent reduziert. Über den umweltfreundlichen Umgang mit Energie können sich interessierte Besucher im Energie-Pavillon informieren. Bei der Pflege von Park und Garten wurden Dünge- und Pflanzenschutzmittel minimiert. Vormals konventionelle Rasenflächen wurden in natürliche Blumenwiesen umgewandelt, wo wieder heimische Pflanzen und Schmetterlinge zu finden sind. Die Mainau-Gastronomie bietet auch regionale und biologische Produkte, fördert damit die umweltschonende Landwirtschaft und trägt zum Erhalt der typischen Bodenseelandschaft bei.

2002 wurde Gräfin Sonja Bernadotte von der Umweltstiftung WWF-World Wide Fund For Nature und der Zeitschrift „Capital" in Berlin zur Ökomanagerin des Jahres gewählt. Mit diesem Preis werden Führungskräfte ausgezeichnet, die in ihren Unternehmen in vorbildlicher Weise Ökologie und Ökonomie verbinden und damit Maßstäbe im Umweltschutz setzen. Die Auszeichnungen wurden 2002 zum zwölften Mal vergeben. Gräfin Sonja Bernadotte erhielt sie als Geschäftsführerin der Mainau im Bereich Mittelstand. In seiner Laudatio hob der Bundesminister für Wirtschaft und Arbeit, Wolfgang Clement, das besondere Engagement für den Umweltschutz hervor, das weit hinausgeht über das bloße Erfüllen von Gesetzesvorlagen. Es zeige, dass wirtschaftliches Handeln und ökologische Verantwortung durchaus in Einklang gebracht werden können.

Seit Gräfin Sonja an der Spitze des Unternehmens steht, hat sie kontinuierlich an seiner Modernisierung gearbeitet. Anfangs war sie vor allem mit Management-Herausforderungen konfrontiert, die in erster Linie menschlich geprägt waren und für sie eine ebenso mühselige wie heikle Kleinarbeit bedeuteten. Die Erste tauchte gleich in ihrer unmittelbaren Nähe auf: Im Schlosshaushalt spielte sich eine Tragödie ab. Köchin und Chauffeur, die miteinander verheiratet waren, sprachen dem Alkohol zu. Im Fall des Chauffeurs war das nicht gerade ungefährlich. Gräfin Sonja erinnert sich daran, dass sie noch vor ihrer Heirat einmal mit Graf Lennart unterwegs nach Hameln war, um eine Werft aufzusuchen. Dort wurde ihr Schiff, die Stella Nova, nach eigenen Plänen gebaut. Plötzlich fuhr der Chauffeur in Schlangenlinien auf der Autobahn. Sonja Haunz bekam es mit der Angst und entschloss sich, lieber selbst das Steuer zu übernehmen. Also wurde der Chauffeur auf den Rücksitz verbannt. Vorkommnisse dieser Art traten häufiger auf, aber er gab nie zu, dass er getrunken hatte. Im Sommerurlaub in Schweden war es dann endlich so weit: Der Chauffeur wurde von der Polizei gestoppt und wegen seines Zustands und entsprechend hohen Promillegehalts in die Ausnüchterungszelle gesteckt. Das gab den Ausschlag für seine Entlassung. Da auch seine Frau, die Köchin, die Mainau verließ, musste der Schlosshaushalt ganz neu eingerichtet werden. Nach einigen fehlgeschlagenen Versuchen fanden sie endlich ein Ehepaar, das diese Position zur Zufriedenheit ausfüllte.

Viel größeres Kopfzerbrechen bereitete Gräfin Sonja der Gartendirektor. Er war, was seine berufliche Qualifikation anging, hervorragend, sogar einer der begnadetsten und sensibelsten Gartengestalter, die man sich überhaupt vorstellen konnte. In krassem Gegensatz dazu stand sein Umgang mit Menschen. Gräfin Sonja konnte die Art und Weise, wie er seine Mitarbeiter behandelte, nicht mit ansehen. Erwachsene starke Männer standen weinend vor ihr, unterbreiteten ihr die Kündigung, weil sie es einfach nicht mehr aushielten. Gräfin Sonja versuchte, einige von ihrem Entschluss abzubringen, indem sie ankündigte, das Problem so bald wie möglich zu lösen. Sie wisse nur nicht, wie lange sie dazu brauchen würde.

Es sollte einige Jahre dauern, denn Graf Lennart ließ ihr zwar freie Hand, gab ihr aber deutlich zu verstehen, dass er damit nichts zu tun haben wollte. Er sagte ihr, er verstehe sie sehr gut und als künftige Geschäftsführerin sollte sie unbedingt so entscheiden, wie sie es für richtig halte. Nur dürfe sie nicht erwarten, dass er sich einmischen geschweige denn sie in diesem Fall unterstützen werde. Die beiden Männer verband nämlich eine langjährige Zusammenarbeit. Dadurch fühlte sich Graf Lennart seinem Gartendirektor verbunden, obwohl er dessen Unzulänglichkeiten im Umgang mit Menschen kannte. Sein „Ohne mich“ bedeutete eine enorme Herausforderung für Gräfin Sonja und stellte große Anforderungen an ihre Entscheidungskraft. Zunächst versuchte sie eine Zeit lang immer wieder, den Gartendirektor auf sich und ihren Führungsstil einzustimmen. Damals hatte sie sich detailliert vorbereitet für ein Vier-Augen-Gespräch und alles notiert. Eine drei viertel Stunde lang bemühte sie sich, ihm klar zu machen, wo ein gemeinsamer Weg liegen könnte, was er jedoch unbedingt dazu beitragen und verändern müsste. Nach fast einer Stunde bestand seine Reaktion in der süffisanten Bemerkung: „Gelt, Gräfin Sonja, jetzt ist Ihnen wohler.“ Damit war sein Schicksal besiegelt. Gräfin Sonja zog die Konsequenzen und es dauerte nur noch wenige Monate, bis er die Insel verließ.

Was danach geschah, beschäftigte sie eine ganze Weile, weil sie es nicht erwartet hatte, und machte ihr Mut für die Zukunft. In dem Moment, in dem sie die Entlassung des Gartendirektors bekannt gab, erhielt sie nämlich von allen Seiten positive Rückmeldungen, deren Tenor lautete: „Wir haben uns gewundert, dass das so lange gedauert hat. Damit haben wir viel früher gerechnet.“

Für Gräfin Sonja war das eine Bestätigung dafür, dass man in einer Position wie der ihren konsequent sein muss und dass diese Haltung auch goutiert wird. Rückblickend kommentiert sie: „Es bedarf eines enormen Stehvermögens. Denn wenn man so einen Weg eingeschlagen hat, muss man ihn ja gehen. Und dann muss man ihn bis zum bitteren Ende gehen und das bedarf natürlich auch einer Rückversicherung in der Belegschaft. Wenn man dann merkt, dass man sich vergaloppiert hat, ist es ganz schlimm.“ Von der Auffassung, dass man als Frau größere Schwierigkeiten hat, sich durchzusetzen, eine Entscheidung zu treffen und zu realisieren, hält sie nicht viel. Im Gegenteil, sie selbst sei beispielsweise erheblich konsequenter als ihr Mann. Wenn für sie der Entschluss gefasst sei, dann setze sie ihn auch um. „Aber ich glaube schon, dass wir Frauen länger versuchen, Lösungen zu finden, die keinen ganz harten Schnitt erfordern. Nicht so sehr weil wir kompromissbereiter, sondern weil wir phantasievoller sind. Ich glaube, wir bringen mehr Phantasie und Kreativität in die Konfliktlösungen ein, als es Männer normalerweise tun. Ich denke eigentlich immer an Alternativen, die es möglicherweise geben könnte. Einfach oft auch aus dem Bedürfnis heraus, die Härten so lange wie möglich zu vermeiden. Das tut wahrscheinlich fast jeder, der in einer solchen Position ist, ich halte das jedenfalls für ganz wichtig. Und da sind wir Frauen vielleicht ein bisschen kreativer und auch ein bisschen langmütiger, aber ich glaube, man täuscht sich, wenn man das mit Inkonsequenz verwechselt.“

Der Fall des Gartendirektors war eine Art Lehrbeispiel für sie. Sie hatte so lange wie möglich versucht, eine gewisse Gerechtigkeit walten zu lassen, mit dem Betroffenen diskutiert, ihre Schritte transparent gemacht. Das dauerte einige Jahre und kostete viel Kraft. Als es trotzdem nicht funktioniert hat, weil er sich nicht ändern wollte, blieb ihr nichts anderes übrig, als die Konsequenz zu ziehen. Im Laufe der Jahre hat sie gelernt, früher zu reagieren und mit den eigenen Energien sparsamer umzugehen.

Sie vertraut zwar auf ihre Menschenkenntnis, geht aber durchaus kritisch mit dieser Fähigkeit um. Meistens bestätigte sich ihr erster Eindruck. Sie stellte später fest, dass ein genaueres Hinschauen und Beleuchten zu keinem anderen Ergebnis geführt hat, manchmal vielleicht auf Umwege, selten war eine Revidierung notwendig. Sie hat sich aber auch schon getäuscht, was sie dann lange beschäftigt mit Fragen wie: Warum ist mir das jetzt passiert? Warum hab ich so konsequent an einem offensichtlichen Defizit dieses Menschen vorbeigeschaut? Sie weiß, dass immer ein Stück Wunschdenken dabei ist, wenn einem jemand gefällt, wenn man ihm Vertrauen entgegenbringt und hofft, er könne einem weiterhelfen. Da werden dann schon einmal andere Facetten, die man nicht gerade schätzt, übersehen, sodass einen Außenstehende darauf aufmerksam machen müssen.

Dieses Wunschdenken, das den Blick verstellen und zu einem Verdrängungsprozess werden kann, ist ihr bewusst. Außerdem ereignet sich menschliches Verhalten ja nie im luftleeren Raum, sondern in einem bestimmten Kontext und im Wechselspiel mit dem Gegenüber. In dieser Interaktion kommt dann wieder die Rolle zum Tragen, die sie innehat. Sie muss sich immer wieder bewusst machen, „dass es Menschen gibt, die auf gewisse Dinge bei anderen ganz anders reagieren als bei mir. Und mir sagt man dann immer: ‚Ja, du bist doch die Chefin. Da müssen sie sich natürlich zusammennehmen, da müssen sie sich natürlich anders verhalten.' Das ist einer der Punkte, der mich am meisten irritiert, wenn man mir sagt, kraft meiner Position würde ich anders eingestuft und anders behandelt. Es kann so weit gehen, dass man mir erklärt: ‚Dir sagt ja auch keiner die Wahrheit, dir gegenüber äußert sich keiner ehrlich.' Das macht mir aufrichtig zu schaffen. Da bin ich hoch empfindlich, weil ich den Eindruck habe, dass ich einen ziemlich unmittelbaren Kontakt zu Menschen aufbauen kann, der nicht durch irgendwas verfremdet ist, aber vielleicht bilde ich mir das auch nur ein. Insofern ist es nicht immer ganz so leicht mit der Menschenkenntnis."

Mit Distanz kann sie verhältnismäßig gut leben. Sie hat gelernt, damit umzugehen, wenn Menschen Abstand halten, aus welchen Gründen auch immer. Manchmal tut es ihr zwar Leid, weil sie gern eine größere Nähe hätte, aber wenn jemand klar aufzeigt, dass er sich auf Distanz halten möchte, dann hat sie damit wenig Probleme. Sie hat längst erfahren, dass man in einer Position wie ihrer letztlich ziemlich einsam ist und vieles mit sich selbst ausmachen muss. Es gibt Entscheidungen und Situationen, in denen ihr niemand wirklich helfen kann. Das hatte sie in dieser Form und Konsequenz nicht erwartet. Zunächst hatte sich das Problem auch nicht gestellt, denn Graf Lennart und sie bildeten ein Superteam. Es lief von Anfang an optimal, natürlich auch weil sie in vielen Dingen, die die gemeinsame Arbeit betrafen, von ihm geprägt wurde. Sie berichtet, er habe sie für diese Position „erzogen" durch unzählige Gespräche und vor allem durch sein Vorbild. Daran habe sie permanent gelernt, wie komplizierte Vorgänge zu handhaben waren, auch gesellschaftspolitisch und was das Protokoll betraf. Schon damals habe er ihr prophezeit, dass sie sich darauf einstellen müsse, mit gewissen exponierten Situationen ganz allein fertig zu werden, weil da oben an der Spitze die Luft sehr dünn sei. Es werde ihr nichts anderes übrig bleiben, als Strategien zu entwickeln, wie am besten damit umzugehen sei, denn ändern könne man es nicht.

„Er sagte, man könne nur sich selbst und seine Einstellung dazu verändern. Aber wenn man achtundzwanzig ist, wie ich damals, und verliebt und sich freut, dass man heiraten wird, dann denkt man über solche Dinge nicht so gravierend nach. Und ich habe dann halt gemerkt, dass es wenige Menschen gibt, mit denen man über die ganze Skala seiner Probleme sprechen kann. Man kann über gewisse Dinge sehr gut mit einigen reden, aber man kann kaum über seinen gesamten Aufgabenbereich mit einem einzigen Menschen reden."

Diese „Einsamkeit" vor allem in Entscheidungssituationen bedeutet eine große Herausforderung und bietet dabei die Möglichkeit, den eigenen Weg wirklich selbst zu finden und sich von etwaigen vorgeschriebenen Pfaden zu entfernen. Sie hat diese Chance genutzt und weiß heute, dass ein großer Teil ihrer Stärke und Souveränität darauf zurückzuführen ist. Dazu gehörten Rückschläge, Fehler und das Aushalten von Durststrecken. Sie sind aus der Distanz betrachtet prägend und haben langfristig einen eminenten Einfluss auf die Persönlichkeitsbildung. Zu erleben, dass man in der Lage ist, schwierige Situationen durchzustehen, ist eine wichtige Erfahrung. Und außerdem bringt ein Erfolg, so weiß Gräfin Sonja, immer auch ein Stück Enttäuschung mit sich. „Wenn man ein Ziel erreicht hat, ein Projekt erfolgreich abschließt, folgt darauf oft ein Vakuum. Man fragt sich: Und jetzt? Was jetzt? Ich habe ewig darauf hingearbeitet, jetzt ist es mir gelungen – ja und jetzt?"

Die Zahl der Menschen, mit denen Gräfin Sonja Schwierigkeiten besprechen konnte, ist nie groß gewesen. Es waren vor allem Freunde von Graf Lennart, also bedeutend ältere Menschen als sie selbst. Sie hatte sie über ihren Mann kennen gelernt, dem sie nahe standen. Zu ihrem Einstieg ins Unternehmen gehörte es auch, die Vergangenheit von Graf Lennart zu erobern. Sie wollte mehr über ihn erfahren, als er ihr selbst erzählte. Es waren zum einen Dinge, über die er wahrscheinlich nicht gern reden wollte, weil sie ihm unangenehm waren, zum anderen jedoch auch einfach solche, die er für nicht so relevant hielt oder die ihm einfach nicht einfielen. Seiner jungen Frau war es damals ganz wichtig, ein möglichst facettenreiches und vollständiges Bild von ihm zu bekommen, das sich aus Eindrücken von Menschen zusammensetzte, die ihn gut kannten. Dadurch war sie in der Lage, ihn auf Erlebnisse und Ereignisse anzusprechen, von denen er nicht annehmen konnte, dass sie davon wusste. Es bereitete ihm große Freude, ihr Interesse und ihre lebendige Anteilnahme an seiner Lebens- und Wirkungsgeschichte zu erfahren und verstärkte das Zusammenspiel, das ihre Beziehung auszeichnete. „Wir sind beide Stiere, wir sind beide sehr impulsiv, wir sind beide sehr beharrlich, wenn es darum geht, etwas umzusetzen. Also, wir sind da einfach in einem unglaublichen Gleichklang gewesen", resümiert Gräfin Sonja, „nun darf man nicht vergessen, dass ich auch noch recht jung war. Also, dieser Prozess des Sich-Aufeinander-Einstellens zwischen Graf Lennart und mir, der begann ja ungefähr mit meinem einundzwanzigsten Lebensjahr und ist dann immer mehr gewachsen. Als wir geheiratet haben, war ich achtundzwanzig und hatte natürlich schon eine ziemliche Erfahrung, denn ich war siebzehn, als ich angefangen habe, auf der Mainau zu arbeiten. Ich wusste, wie dieses Unternehmen funktioniert und vor allem, wo es nicht funktioniert. Daran haben wir gemeinsam gearbeitet. Das war eine große Aufgabe."

Auch heute noch spielt Graf Lennart eine wesentliche Rolle bei der Gestaltung ihres Arbeitstags. Gräfin Sonja bemüht sich, ihn so zu organisieren, dass sie für ihren Mann möglichst viel Zeit hat. Wenn sie nicht auf Reisen ist, beginnt sie den Tag normalerweise um 7 Uhr mit einer Radtour oder mit dem Krafttraining. Gegen 9 Uhr wird gefrühstückt und ab 10 Uhr ist sie offiziell im Büro zu erreichen. Falls das nicht so zu realisieren ist, weil Termine anstehen, legt sie manchmal von 8 Uhr bis 9 Uhr ein Arbeitsfrühstück ein. Jedenfalls bemüht sie sich, nach Möglichkeit zwischen 9 Uhr und 10 Uhr für Graf Lennart da zu sein. Am Mittwoch sollte zumindest der Vormittag frei sein, wenn möglich auch der Nachmittag. Den gestalten Gräfin Sonja und Graf Lennart gemeinsam. Sie musste regelrecht um diesen freien Tag kämpfen. Es war notwendig, die regelmäßigen Termine so zu vereinbaren, dass der Mittwoch außer Betracht gelassen wurde. Ganz selten macht sie eine Ausnahme. An ihren normalen Arbeitstagen stehen von 10 Uhr bis 13 Uhr Meetings, Ortstermine, Interviews auf dem Plan. Danach legt sie eine eineinhalbstündige Mittagspause ein, und um 14.30 Uhr geht es dann weiter bis 17 Uhr oder 18 Uhr. Um 19 Uhr isst die Familie Bernadotte zu Abend.

Nachdem Graf Lennart sich gegen 22.30 Uhr zurückgezogen hat, setzt sich Gräfin Sonja meistens wieder an den Schreibtisch, obwohl sie weiß, dass ihr das eigentlich nicht gut tut. Es ist aber erfahrungsgemäß die beste Arbeitszeit für sie, weil sie dann nicht mehr unterbrochen oder gestört wird. Niemand sucht sie auf, ruft an um diese Zeit, genau wie am frühen Morgen. Deshalb steht sie manchmal schon um 6 Uhr auf, um eine intensive morgendliche Bürostunde einzulegen. Das Einzige, was rund um die Uhr frequentiert wird, ist ihre Mailbox im PC. Es dauerte eine Weile, bis sie sich mit den neuen Kommunikationsmitteln arrangiert hatte. Zunächst fühlte sie sich beinahe terrorisiert, wenn ihre Mailbox überfüllt war mit Nachrichten, die sie weder angefordert hatte noch als für sie bestimmt identifizieren konnte. Sie wusste, dass eine ganze Entscheidungskette dem Öffnen der Mail folgen würde. Deshalb ging sie bald dazu über, alles zu löschen, was sie nicht kannte oder wobei nicht eindeutig zu erkennen war, dass es tatsächlich ihr galt. Ihre Geschäfts- und Gesprächspartner wissen heute, dass sie einen deutlichen Betreff angeben sollten, da sie sonst das Risiko eingehen, dass ihr Schreiben gelöscht wird. Obwohl sie die Arbeitserleichterung, die der PC bietet, zu schätzen gelernt hat und in vielen Fällen sogar glücklich ist, dieses Medium zur Verfügung zu haben, ist sie nach einer Weile wieder dazu übergegangen, ihre Briefe mit der Hand zu schreiben. Sie meint, dabei sogar Zeit zu sparen und auf jeden Fall konzentrierter zu sein.

Der Computer verführt sie eher zu einer gewissen Oberflächlichkeit, die ihr eigentlich nicht entspricht: Man tippt seine Sätze einfach hinein, verlässt sich auf das Korrekturprogramm und schickt es ab. Sie hat die Erfahrung gemacht, sich beim späteren Lesen ab und zu verwundert zu fragen: Was habe ich da bloß geschrieben? So etwas sei ihr noch nie passiert, wenn sie mit der Hand geschrieben hat. Einen kritischen Umgang mit den modernen Kommunikationsmitteln hält sie für wichtig und ist froh, zu einer Generation zu gehören, die nicht von Anfang an damit konfrontiert worden ist. Natürlich lernt man es deshalb auch langsamer. Manchmal denkt sie, es sei sinnvoll, einen Computerkurs zu absolvieren, bisher hat sie sich alles selbst beigebracht – mit Unterstützung der Kinder, nach denen sie sofort ruft, wenn irgendetwas nicht funktioniert. Wer von den Fünfen gerade in der Nähe ist, muss ihr eben helfen, Schritt für Schritt. Dabei macht sie immer wieder dieselbe verblüffende Entdeckung: Es geht ihr zu schnell. Obwohl sie jemand ist, der gelernt hat, rasch und effizient zu arbeiten und von Mitarbeitern dafür bewundert wird, hat sie manchmal das Gefühl, die heutige Welt sei zu schnell für sie und sie könne nicht folgen, es sei eben ihr Gemüt, das manchmal nicht nachkomme. Sie ist sich des Privilegs bewusst, als Selbstständige ihr eigenes Tempo wählen zu können, aber in dem Moment, wo es einmal von außen bestimmt wird, empfindet sie es fast immer als zu schnell.

Allmählich werden ihr zunehmend Arbeiten von ihrer ältesten Tochter und persönlichen Assistentin Gräfin Bettina abgenommen und ihre eigene Aufgabe besteht darin, ein Gespür dafür zu entwickeln, wo sie sich ganz heraushalten kann und wo ihre Mitwirkung erforderlich ist. Damit tauchen neue Fragen für sie auf: „Wo kann ich sie laufen lassen, ohne dass ich Bedenken haben muss, dass etwas Gravierendes daneben geht? Und wo muss ich wachsam sein, wo muss ich auf das ‚Kind' noch ein bisschen aufpassen, damit sie sich keine blutige Nase holt. Das ist jetzt mein Beitrag zum anstehenden Generationswechsel – im Beruf, aber natürlich auch ein bisschen im Privatleben, denn wir können das ja nie ganz trennen auf der Mainau. Beruf und Privatleben verschmelzen sehr oft miteinander. Hin und wieder schlägt Bettina mir vor: ‚Mami, jetzt nimm dir doch mal einen freien Tag, genieß ihn und lass mich das machen.' Ich freue mich darüber, dass sie so spontan und enthusiastisch ist, aber – das haben wir neulich gerade wieder besprochen – wir müssen uns da sehr gut abstimmen. Sie will natürlich auch beweisen, dass sie es kann, und zack, schon steckt sie in einer Sache drin. Dann erkenne ich, jetzt ist es aber allerhöchste Zeit, dass wir hier eine Korrektur vornehmen, denn sonst geht es eben schief."

Ein wirklich ruhiges Leben mit Regelmäßigkeit und Alltagstrott hat es in den über dreißig Jahren an der Spitze der Mainau nie für sie gegeben, vielleicht eine Zeit lang etwas stilleres Fahrwasser, aber es wurde jedes Mal wieder kräftig belebt. Sie wünscht

Weihnachtsfeier 2001

sich heute zunehmend, nicht mehr so oft unterwegs sein zu müssen. Drei Monate an einem Stück auf der Mainau bleiben zu können, wäre eine Idealvorstellung. Drei Monate, in denen sie sagen kann: Jetzt bin ich einfach hier und muss keine Koffer packen. Eigentlich mag sie zwar das Unterwegssein, hat sich ihr Leben schließlich selbst so eingerichtet und hätte es geändert, wenn es ihr nicht grundsätzlich entsprochen hätte. Mittlerweile wünscht sie sich allerdings etwas mehr Beständigkeit. Ob es mit dem Älterwerden zu tun hat, weiß sie nicht. Früher hatte sie Sehnsucht nach der Ferne und Neugier auf die Welt. Sie war begierig, Neues zu sehen und zu erfahren. Das ist nun abgeebbt. Sie ist sich sicher: „Wenn sich mir jetzt eine Weltreise anbieten würde und ich hätte Zeit und Geld und alles, was dazu gehört, ich glaube, ich würde sie nicht angehen. Ich muss nicht alles in diesem Leben gesehen haben. Jedenfalls im Moment nicht. Das hat sicherlich sehr stark mit meinem Bedürfnis zu tun, mit Graf Lennart zusammen zu sein und die Zeit, die uns verbleibt, gemeinsam zu nutzen. Das ist im Augenblick eins meiner elementarsten Bedürfnisse, und das sehe ich jetzt auch als meine größte Aufgabe an: Ihm das Gefühl zu geben, dass ich für ihn da bin."

Wenn sie zurückblickt auf die lange Zeit an der Spitze des Unternehmens, erkennt sie, dass sie einige Entwicklungen am Anfang anders eingeschätzt hat, weniger, was die ehrenamtlichen Tätigkeiten betraf, also die Nobelpreisträgertagung, die Deutsche Gartenbau-Gesellschaft und den Deutschen Rat für Landespflege. In der Weiterentwicklung der Mainau jedoch haben weder Graf Lennart noch sie das Volumen vorhersehen können.

Es ist enorm expandiert und sie ist sich bewusst, dass sie dabei neue Impulse gegeben, entscheidende Akzente gesetzt und Schwerpunkte entwickelt hat, die ihr Mann bis zu diesem Zeitpunkt gar nicht so im Blickfeld hatte. Dazu gehörte die Arbeit für Behinderte. Ausschlaggebend dafür war – wie so oft in Gräfin Sonjas Leben – ein konkretes Erlebnis. Eine ihrer bemerkenswertesten Fähigkeiten besteht darin, unmittelbare Erfahrungen in objektive Erkenntnisse zu verwandeln und dann sofort praktisch umzusetzen.

Kurz nach ihrer Heirat kam ihre gehbehinderte Freundin Brigitte Harder aus Hamburg zu Besuch. Sie saß im Rollstuhl und machte Gräfin Sonja darauf aufmerksam, dass man auf der Insel große Schwierigkeiten hatte, sich damit fortzubewegen. Sie klagte, es mache überhaupt keinen Spaß, die Insel zu erkunden, da man ständig an Grenzen stoße, wo man nicht weiterkomme. Gräfin Sonja begleitete sie und war bestürzt, überall zwei Stufen oder zu steile Wege zu finden, dagegen keine Spur von Rampen oder Toiletten für Behinderte. Für sie war klar, dass sich etwas ändern musste, und zwar schnell. Sie scheute nicht die große Investition und begann mit dem Bau von Rampen und Behindertentoiletten. Kritik übte sofort der Gartendirektor, der damals noch im Amt war. Genauso wenig, wie er sich für Einrichtungen für Kinder eingesetzt hatte – es gab damals keinen einzigen Kinderspielplatz auf der Mainau – sah er die Notwendigkeit ein, die Insel behindertenfreundlicher zu machen. Zwar befolgte er nun ihre Weisungen, nahm aber nicht, wie besprochen, Kontakt mit einer Konstanzer Selbsthilfegruppe auf, um sich genau über ihre Belange zu informieren, sondern richtete Rampen und Wegführungen nach seinem eigenen Gutdünken ein. Wieder kam Brigitte Harder auf die Insel und testete die Neuerungen. Zunächst war sie zufrieden und lobte ihre Freundin für ihre konsequenten Maßnahmen. Dann wurde sie von Gräfin Sonja aufgefordert, doch einmal die neue Rampe am Hafen auszuprobieren, weil die Konstanzer Selbsthilfegruppe sich darüber beschwert hatte. Angeblich stimmte die Steigung nicht, was fatal wäre, denn es war die einzige Möglichkeit, überhaupt aufs Schiff zu kommen. Gräfin Sonja musste plötzlich verreisen, aber ihre Freundin blieb noch einige Tage und hinterließ ihr eine ebenso eindeutige wie drastische Nachricht. Als sie zurückkam, fand Gräfin Sonja auf ihrem Schreibtisch einen Zettel mit den Worten: „Deine Rampe ist wirklich Scheiße." Gräfin Sonja nahm umgehend Korrekturen vor. Ihr Ärger war groß, denn sie wusste, wem sie die Fehlkonstruktion zu verdanken hatte. Mit der Einsicht des Gartendirektors war allerdings nicht zu rechnen. Für ihn blieben es nach wie vor überflüssige Ausgaben.

Wie sie das alles geschafft hat, kann sie sich heute oft nicht mehr vorstellen. Ähnlich geht es Maria Regele, ihrer Pressereferentin. Sie hat vor zehn Jahren begonnen, in der Pressestelle der Mainau zu arbeiten. Anfangs konnte sie nicht ermessen, wie umfangreich, vielfältig und international die Arbeit in der Geschäftsleitung war. Sie wuchs allmählich in die unterschiedlichen Dimensionen hinein. Vermutlich hätte sie gesagt, es sei ihr zu viel, wenn sie damals schon den Umfang erkannt hätte, meint sie heute. Aber dann war sie froh über das interessante Tätigkeitsfeld und besonders über die enge Zusammenarbeit mit Gräfin Sonja. Es gefällt ihr, dass sie offen und direkt miteinander umgehen und sich detailliert über die Öffentlichkeitsarbeit austauschen. Dazu haben sie vor allem auf gemeinsamen Reisen Gelegenheit, während der Fahrt, abends im Hotel oder im Fernsehstudio beim Warten auf den Beginn der Sendung. Bei solchen Anlässen habe sie ihre Chefin näher kennen gelernt, sagt Maria Regele und fährt fort: „Auf der Mainau ist die Zeit ja immer knapp, man bespricht halt das Wichtigste oder das Aktuelle, aber die Dinge, die ein bisschen mehr unter die Haut gehen oder eingehender behandelt werden müssen, kann man besser unterwegs besprechen. Einmal war ich absolut nicht der gleichen Meinung wie sie und habe mir überlegt, ob ich lieber den Mund halten soll. Ich war mir unsicher, ob ich mir so eine Kritik in meiner Funktion überhaupt erlauben darf. Eine Nacht bin ich damit schwanger gegangen und am Morgen aufgewacht mit dem Gedanken, dass ich einfach nicht verschweigen will, dass ich nicht dahinter stehe. Am nächsten Morgen habe ich das Problem angesprochen und bin im Nachhinein froh darüber, denn sie hat mir zugestimmt, obwohl sie wahrscheinlich nicht ganz meiner Meinung war. Das finde ich toll. Dass sie Argumenten zugänglich ist und nicht einfach auf ihrer Meinung besteht. Das macht mir sie wertvoller. Auch in Bezug auf meine Arbeit. Die wird dadurch ernster genommen. Und außerdem, ich sage immer: Wenn man unterschiedlicher Meinung ist, das ist doch das Salz in der Suppe.“

Bei Interview-Anfragen steckt Maria Regele vorher nur ab, in welchem Feld sich das Gespräch bewegen soll, ob es beispielsweise um die Nobelpreisträgertagung oder um die Mainau GmbH geht. Der Schwerpunkt muss feststehen, alles andere wird aus der Situation heraus entschieden. Den kompletten Fragenkatalog lässt sie sich vorher nicht geben, denn das würde die Spontaneität eingrenzen. Gräfin Sonja ist es lieber, wenn sich wirklich ein Gespräch zwischen ihr und dem Interviewer entwickelt und man nicht im Frage- und Antwort-Spiel stecken

Rosentaufe mit Udo Jürgens 2003

bleibt. Ab und zu wird von der Mainau auch live gesendet, was Maria Regele Spaß macht: „Hinterher kommt Gräfin Sonja dann immer zu mir und fragt: ‚Fanden Sie das gut, was ich gemacht habe, war das jetzt okay, habe ich auch kein Thema vergessen?' Und das gefällt mir. Einmal musste ich sagen: ‚Schade, Sie haben die Orchideenschau vergessen.' Aber so etwas passiert selten, denn sie ist ein Medienprofi. Andere Medienprofis wie Anneliese Rothenberger und Frank Elstner, die jahrzehntelange Erfahrung damit haben, sind jedes Mal aufs Neue fasziniert von ihrer Präsenz. Ich freue mich immer, wenn sie öffentlich auftritt. Sie hat Charme, sie ist spontan und – ja, sie hat etwas zu sagen."

Zwischen Tradition und Vision

„Noch immer unter dem Eindruck einer wissenschaftlich sehr reichhaltigen Tagung, die selbst mir als Laie viel gegeben hat, möchte ich hier nicht nur allen Laureaten und jungen Wissenschaftlern sehr herzlich für ihre Mitwirkung danken, sondern ich möchte einen Gedanken, der mich in den vergangenen Tagen immer wieder bewegt hat, aussprechen. Ich möchte ihn vor allem als Mutter von vier kleinen Kindern aussprechen und damit gleichsam einen Aufruf an Sie alle richten," heißt es in der Rede, die Gräfin Sonja 1981 an die Teilnehmer der Lindauer Nobelpreisträgertagung richtete. Wie jedes Jahr fand die Abschiedsveranstaltung im Schlosshof auf der Insel Mainau statt. Gräfin Sonja beendete ihren Appell mit den Worten: „All diese Menschen haben sich hier zusammengefunden, um ein und derselben Sache zu dienen, der Wissenschaft. Ihr ganzes Streben geht dahin, die Entstehung des Lebens zu schützen, die Menschen gesund zu erhalten und Kranke zu heilen. Bei einer solch edlen Aufgabe scheint es mir undenkbar, dass diese großartigen Persönlichkeiten aus aller Welt, die durch ihr Beispiel viele von uns zu Leistungen im Dienste der Menschheit anspornen können, einen Weltkrieg, der uns alle zerstören würde, jemals zulassen könnten. Im Namen der Mütter auf der ganzen Welt, die um die Zukunft ihrer Kinder bangen, rufe ich deshalb die hier anwesenden Laureaten und jungen Wissenschaftler auf, ihre weltweiten Verbindungen nicht nur in den Dienst der Wissenschaft, sondern auch in den Dienst des Weltfriedens zu stellen."

Als Gräfin Sonja diese Rede hielt, war sie gerade vier Jahre Mitglied des Kuratoriums für die Tagungen der Nobelpreisträger in Lindau. 1987 wurde sie zur Präsidentin gewählt, nachdem ihr Mann dieses Amt aufgegeben hatte. Nach wie vor engagiert sie sich für diese Veranstaltung mit großer Begeisterung und bezeichnet ihre Präsidentschaft als das Hochkarätigste und zugleich Schwierigste von all ihren Ehrenämtern.

Die Nobelpreisträgertagung findet seit 1951 jedes Jahr in der letzten Juniwoche in Lindau statt: Zwanzig bis dreißig Nobelpreisträger treffen sich mit dem wissenschaftlichen Nachwuchs zum informellen Austausch, und zwar abwechselnd aus den Disziplinen Physik, Chemie und Medizin. Die Idee, eine Tagung zu veranstalten, auf der sich Spitzenwissenschaftler austauschen können, hatten Anfang der fünfziger Jahre zwei Ärzte aus Lindau, Prof. Dr. Gustav Parade und Dr. Karl Hein. Sie wandten sich an Graf Lennart Bernadotte und baten ihn, die Schirmherrschaft zu übernehmen. Als Neffe des damaligen schwedischen Königs Gustav VI. Adolf erschien er ihnen besonders geeignet als Fürsprecher ihres Vorhabens. Außerdem hatte sein Urgroßvater, König Oscar II. von Schweden, im Jahr 1901 den Nobelpreis zum ersten Mal überreicht.

1951 wurden fünf Nobelpreisträger der Medizin und ca. 400 Ärzte aus ganz Deutschland nach Lindau eingeladen. Eine Woche lang fanden Diskussionen und Vorträge statt. Da die Tagung sofort großen Anklang fand, beschloss man, sie auf die Bereiche Physik und Chemie auszuweiten. Es wurde ein Kuratorium gegründet und Graf Lennart zum Präsidenten gewählt. Er erkannte jedoch schon nach kurzer Zeit, dass bei der Veranstaltung etwas Wesentliches fehlte: die Jugend. Er wollte die Studenten dabei haben, regte eine Erweiterung des Konzepts in diese Richtung an und setzte sich damit auch durch. Auf diese Weise entwickelte sich das eigentliche Profil der Lindauer Tagung. Seit 1952 werden ausgewählte Studenten und wissenschaftliche Mitarbeiter in- und ausländischer Universitäten und Forschungsins-

Gräfin Sonja und Graf Lennart in Stockholm 1973

titute dazu eingeladen. Mittlerweile haben mehr als 20 000 junge Studierende teilgenommen. Der Lindauer Gedanke besteht darin, junge Wissenschaftler, also sozusagen die Elite von morgen, mit der Elite von heute zusammenzuführen, wissenschaftlichen Gedankenaustausch und menschliche Begegnung zwischen den Experten und der akademischen Jugend möglich zu machen. Die Treffen zeichnen sich durch familiäres Flair und eine anregende Gesprächsatmosphäre aus. Vor allem sind sie wirklich für die Teilnehmer gedacht, und nicht für die Medien. Diese können zwar über die Vorträge berichten, sind aber bei den Gesprächen zwischen den Nobelpreisträgern und den Studenten nicht zugelassen. Vielleicht ist die Atmosphäre in der Lindauer Inselhalle deshalb so entspannt und zwanglos. Auch zwischen

Mit dem Medizin-Nobelpreisträger Edmund Fischer auf der Mainau 2003

den Veranstaltungen sieht man die Wissenschaftler in munterer Runde mit jungen Leuten plaudern, ohne dass der Eindruck entsteht, jemand müsse sich gegen Konkurrenten durchsetzen und sich profilieren.

Vor kurzem hat man den relativ kleinen Kreis der Teilnehmer ein wenig geöffnet, indem man Vorlesungen und Teile der Podiumsdiskussionen im Internet publizierte. Im Allgemeinen war die Resonanz sehr positiv, bei den Nobelpreisträgern gab es jedoch unterschiedliche Reaktionen. Einige verweigerten sich total, empfanden es sogar als Verfremdung des Lindauer Gedankens, andere wären wahrscheinlich sogar bereit, einen Chatroom einzurichten, um mit Studenten in aller Welt in einen Dialog zu treten. Daher ist es nach wie vor notwendig, die Frage der Öffnung der Tagung mit Vorsicht anzugehen, um nicht Gefahr zu laufen, dass sich einige Nobelpreisträger verweigern, weil die ganz besondere Atmosphäre der Veranstaltung verfälscht werden könnte. Bisher wissen sie nämlich, wen sie im Auditorium vor sich haben und mit wem sie diskutieren, und das erzeugt eine faszinierende Spontaneität und Offenheit. Die Inselhalle verwandelt sich eine Woche lang in einen Schutzraum der Kreativität, in dem Ideen ohne innere Zensur oder Vorsicht entwickelt werden. In dem Moment, in dem man diese Veranstaltung komplett in die Welt hinaus transportieren würde, könnte diese Unmittelbarkeit und Freiheit verloren gehen.

Fingerspitzengefühl ist auch gefordert im Kontakt mit den Medien. Sie betrachten die Veranstaltung natürlich als Chance, die Nobelpreisträger zu befragen. Wo sonst treffen so viele hochkarätige Wissenschaftler auf einmal an einem Ort zusammen? Weil aber selbst die Wissenschaftsredaktionen nicht frei von der Jagd nach Sensationen sind, kann es vorkommen, dass sich ein Preisträger durch entsprechende Fragen belästigt fühlt. Deshalb ist bei Interviewterminen immer ein Vertreter des Organisationsteams dabei, der das Gespräch beendet, wenn er spürt, dass sich der Preisträger nicht wohl fühlt. Obwohl es bei den Medien verständlicherweise nicht so gut ankommt, wird Gräfin Sonja nicht müde zu betonen, dass diese Tagung eben nicht primär für die Medien veranstaltet und daher auch nicht ihrem Diktat untergeordnet wird.

Damit die einzigartige Stimmung der Tagung erhalten bleibt, hat sich das Organisationsteam auch dagegen entschieden, den Preisträgern ein bestimmtes Thema vorzugeben. Sie sollen sich frei fühlen und einfach über das reden, worüber sie wirklich sprechen wollen. Medienbeschränkung und Themenfreiheit sind Dinge, die Gräfin Sonja immer wieder verteidigen muss, wenn gefordert wird, Journalisten an den Studenten- und Laureaten-Diskussionen teilnehmen zu lassen. Sie wehrt sich vehement dagegen und ist zu keinem Kompromiss bereit: „Ich hab gesagt: Nein, niemand. Kein einziger Journalist betritt diesen Raum. Denn dann ist die Intimität weg. Die Preisträger würden sich dann auch nicht mehr äußern. Das heißt, sie würden sich zwar äußern, wenn sie nicht merken, dass ein Journalist im Plenum sitzt, aber nach dem ersten Bericht über ein brisantes Thema, würden sie unter Umständen sagen: Schluss!"

Sie erzählt weiter, dass diese exklusive Veranstaltung auch mit Missgunst beobachtet wird, eben weil sie in ihrer Einzigartigkeit eine weltweite Wirkung hat. Sogar die Schwedische Nobel-Stiftung war nicht ganz frei von Neid. Allerdings hat sich das Verhältnis mittlerweile entspannt, weil man dort erkannt hat, dass die Lindauer Tagung zur Kooperation bereit ist, keinesfalls irgendeine Konkurrenz aufbauen will, sondern sich eher bemüht, als natürliche Fortsetzung der Nobelpreisverleihung zu gelten. Es ist einer von Gräfin Sonjas großen Wünschen, dass die Zukunft dieser Tagung gesichert wird. „Es steht und fällt ja mit den Finanzierungsmitteln, hat man sie, kann man etwas bewegen und hat man sie nicht, ist es sehr schwer. Von der finanziellen Seite her ist es härter, aber auch effizienter geworden. Man legt ein größeres Augenmerk auf die Qualität, und ich glaube, das ist der richtige Weg. Wir sind jetzt verankert in den verschiedenen Ländern, zum Teil über die Regierungen, zum Teil über die Botschaften, zum Teil über die wissenschaftlichen Institutionen, in Indien beispielsweise und neuerdings auch in Japan. Auch die osteuropäischen Länder fangen jetzt an, Studenten zu schicken. Also, es globalisiert sich inzwischen."

Ganz am Anfang wurden nur deutsche, Schweizer und österreichische Studenten nach Lindau eingeladen. Der deutsche akademische Austauschdienst war rasch involviert, dann schlossen sich die Humboldt- und die Seidel-Stiftung an. In der nächsten Stufe besuchten Studenten aus Italien, Frankreich und England die Tagung. Der Kontakt kam über die Botschaften zustande, die Auswahl wurde von den Universitäten getroffen. Mitte der achtziger Jahre wurden Studenten aus Schweden und Norwegen nach Lindau geschickt, 2000 nahmen erstmals fünfzig Studenten aus Amerika teil. Es folgten Studenten aus Indien, Japan und 2004 aus China. Im Zuge dieser Internationalisierung wurde bald deutlich, dass die fachliche Qualifikation der ausländischen Studenten in vielen Fällen um einiges höher war als die der deutschen. Die Diskrepanz war so offensichtlich, dass etwas unternommen werden musste. Deshalb wurde an den deutschen Universitäten ein Netz von Vertrauensdozenten gespannt, das mit dem Kuratorium in enger Verbindung stand.

Die Rückmeldungen bezüglich ihrer jungen Gesprächspartner, die das Kuratorium von den Laureaten erhielten, waren jedes Mal ganz unterschiedlich. Die Tatsache, dass es weitgehend dem Zufall überlassen ist, wer wen trifft, kann sich sowohl positiv als auch negativ auswirken – da ist die ganze Bandbreite an Begegnungen möglich. Doch gerade die Unvorhersehbarkeit der Kontakte ist es ja, die den einzigartigen Reiz der Veranstaltung für alle Beteiligten ausmacht.

Die Präsidentschaft der Lindauer Nobelpreisträgertagung gehörte zu den Ehrenämtern Graf Lennarts, mit denen er seine Assistentin Sonja Haunz schon sehr früh vertraut machte. Gräfin Sonja hat an diese spannende Anfangszeit, die ihr Einblicke in eine bis dahin unbekannte Welt ermöglichten, intensive Erinnerungen. Der erste Nobelpreisträger, den sie kennen lernte, weil er damals auch im Kuratorium saß, war der Mediziner Werner Forßmann. Er beeindruckte sie, weil er kritisch, konstruktiv und immer für neue Ideen zu haben war. Sie erzählt: „Werner Forßmann hat mir sehr viele Denkanstöße gegeben, auch für meine spätere Arbeit im Kuratorium. Ich lernte dadurch die Reaktionen der Laureaten besser einzuschätzen, zum Beispiel wenn sie sich gegen die Presse aussprachen. Ich lernte durch ihn, dass er und seine Kollegen in Lindau vor allem die Studenten treffen wollten. Sie wollten einander und die jungen Leute treffen. Alles andere, einschließlich der gesellschaftlichen Ereignisse, bedeutete den meisten von ihnen nicht so viel."

Im Kuratorium war Werner Forßmann damals richtungsweisend. Er stellte gern unbequeme Fragen, machte es weder sich noch den anderen Mitgliedern leicht, kritisierte eingefahrene

Wege und setzte sich vor allem für die Studenten und ihre Integration in die Tagung ein. Er vertrat die Auffassung, dass sie – die jungen Leute – das Besondere der Tagung waren. Sie seien es, die angezogen und motiviert werden müssten. Die „alten" Arrivierten könnten davon profitieren, wenn sie mit dem wissenschaftlichen Nachwuchs diskutierten. Er war damals auch derjenige, der sich nachdrücklich gegen eine Themenvorschrift aussprach, und er war dagegen, von den Nobelpreisträgern ein Aufzeigen der neuesten wissenschaftlichen Erkenntnisse zu verlangen, denn das sei mittlerweile eher Aufgabe ihrer Assistenten. „Also, wir sind ja als Nobelpreisträger keine Karnickelböcke, die ständig etwas Neues liefern, sondern wir sind ja froh, wenn uns einmal im Leben etwas Entscheidendes eingefallen ist," pflegte er zu sagen. Er gehörte noch zu der Generation der Nobelpreisträger, die tatsächlich Einzelkämpfer waren, während heutzutage ja fast immer ein Team hinter einer herausragenden wissenschaftlichen Leistung steht.

Werner Forßmann war ein mutiger Pionier der Medizin: 1929 – er war damals fünfundzwanzig Jahre alt – legte er sich selbst ein Herzkatheder und dokumentierte sein Experiment mit einer Röntgenaufnahme. Diese dramatische Aktion hielt er für notwendig, weil er in seiner Forschung weder von Kollegen noch von Vorgesetzten unterstützt wurde. Bei wiederholten Selbstversuchen spritzte er sich Kontrastmittel ins Herz und bildete als Erster die Herzkranzgefäße auf Röntgenbildern ab. Die Reaktion der deutschen Ärzteschaft war jedoch weiterhin Ablehnung und Ignoranz. Werner Forßmann gab schließlich die Forschung auf. Im Zweiten Weltkrieg war er Sanitätsoffizier und anschließend übernahm er, zusammen mit seiner Frau, die auch Ärztin war, eine Landarztpraxis im Schwarzwald. In dieser Zeit entwickelte sich die Kardiologie in den USA rasant weiter. Die Forscher André Cournand und Dickinson Richards verfeinerten Forßmanns Methode der Herzkathederisierung und wiesen in ihren Publikationen auf die Selbstversuche des deutschen Kollegen hin, auf denen ihre Arbeit beruhte. 1956 erhielt Werner Forßmann zusammen mit den beiden amerikanischen Wissenschaftlern den Nobelpreis für Medizin. Diese Ehrung überraschte die Öffentlichkeit ebenso wie den Preisträger selbst, der nur unter Schwierigkeiten vom schwedischen Nobelpreiskomitee ausfindig gemacht werden konnte.

Werner Forßmann betrachtete Sonja Haunz ein wenig als Tochter, die er gern mit Rat und Erklärung unterstützte. Aus der gemeinsamen Kuratoriumsarbeit entwickelte sich bald eine Freundschaft. Einmal besuchte sie ihn im Schwarzwald und brachte ihm eine Metasequoia mit, die er auf seinem Grundstück anpflanzen wollte. Es interessierte ihn, wie dieses Chinesische Rotholz, das er auf der Mainau gesehen hatte, bei ihm in den Höhen des Schwarzwalds gedeihen würde. Gräfin Sonja war mit ihrem Chauffeur unterwegs. Erst als sie an der Schweizer Grenze ankamen, fiel ihnen ein, dass es nicht erlaubt war, exotische Pflanzen in die Schweiz einzuführen. Deshalb erklärte der Chauffeur am Zoll scheinheilig: „Ach, das ist eine Zimmerlinde." Nach etwas genauerer Betrachtung äußerte der Zöllner jedoch die Vermutung: „Das wird aber eine sehr große Zimmerlinde. Fahren Sie nur zu." Werner Forßmann pflanzte die Metasequoia vor seinem Haus in Wies Wambach. Die „Zimmerlinde" wurde tatsächlich schnell riesengroß. Innerhalb von wenigen Jahren versperrte ihm der Mammutbaum die herrliche Aussicht auf den Schwarzwald. Er nannte den hoch gewachsenen Baum Lennart.

Auch Albert von Szent-Györgi, einen gebürtigen Ungarn, der in Amerika lebte und arbeitete, lernte Gräfin Sonja sehr früh auf der Nobelpreisträgertagung kennen. Er kam mehrmals nach Lindau: ein etwas älterer Herr, Jahrgang 1893, klein, lebendig, drahtig. 1937 hatte er den Nobelpreis für Medizin erhalten. Er galt als großer Vitamin C-Papst und war als Wissenschaftler zwar umstritten, wurde von den Studenten jedoch geliebt. Von Szent-Györgi stammt der berühmte Ausspruch: „Eine Entdeckung besteht darin, etwas zu sehen, was jedermann gesehen hat, und sich dabei etwas zu denken, was noch niemand gedacht hat."

Zu den Aufgaben von Graf Lennarts Assistentin Sonja Haunz gehörte damals auch die Betreuung der Ehrengäste. Szent-Györgi hatte sich einen großen Wunsch erfüllt und war während der Tagung einmal von Lindau nach München gefahren, um sich ein Plumeau zu kaufen. So etwas gab es nämlich in Amerika nicht. Am Abreisetag chauffierte ihn Sonja Haunz mit seinem zusammengeschnürten Plumeau morgens zum Flughafen nach Zürich. Da noch etwas Zeit bis zum Abflug seiner Maschine in die USA war, lud er sie zu einer Tasse Kaffee ein und machte ihr bei dieser Gelegenheit einen Heiratsantrag – ganz nebenbei im Züricher Flughafenrestaurant. Sie versuchte, sich so diplomatisch wie möglich aus der Sache heraus zu winden, aber er nahm ihr ihre Ablehnung ohnehin nicht übel, sondern meinte zuversichtlich: „Ach, das macht nichts, in drei Jahren bin ich ja wieder hier." Allerdings wiederholte er seinen Antrag nicht, sondern kam sechs Jahre später mit einer sehr hübschen jungen Frau nach Lindau, die er inzwischen geheiratet hatte.

Ein anderer Nobelpreisträger, zu dem Gräfin Sonja einen engen Kontakt pflegte, war Konrad Lorenz. Er nahm drei oder viermal an der Lindauer Tagung teil, meistens zusammen mit seiner Frau, einer Kinderärztin. Zwischen dem Ehepaar Lorenz und den Bernadottes entwickelte sich bald eine vertraute Beziehung. Beim letzten Mal kam Konrad Lorenz allerdings allein, weil seine Frau erkrankt war. Gräfin Sonja erzählt: „Und dann geschah etwas, was mich sehr beeindruckt hat. Konrad Lorenz forderte mich auf, mich vorn in die erste Reihe zu setzen. Er könne seinen Vortrag sonst nicht halten. Er sagte, er müsse jemanden haben, der für ihn da sei, einen Bezugspunkt. Er brauche einen Ansprechpartner. Mir hat es Freude gemacht, dass er ausgerechnet mich ausgesucht hat. Das fand ich schön. Ich habe ihn sehr verehrt. Mich hat unglaublich beeindruckt, dass er seine Forschungsergebnisse so verständlich darstellen konnte. Das war für mich ein ganz großes Erlebnis. Ich habe ihn dann bei der Tagung überallhin begleitet. Er war im praktischen Leben ziemlich hilflos, als Wissenschaftler dagegen phänomenal und sehr begehrt bei den Studenten. Aber ohne seine Frau war er vollkommen verloren."

Gleich am Anfang war Gräfin Sonja aufgefallen, dass bei vielen Spitzenwissenschaftlern eine erstaunliche Diskrepanz bestand zwischen ihrer wissenschaftlichen Kompetenz und ihrer Fähigkeit, den ganz normalen Alltag zu bestreiten. Gleichzeitig erkannte sie die Nähe des wissenschaftlichen Forschens zum Spiel. Beide enthalten als wesentliche Momente Neugier, Phantasie und Kreativität. Viele bahnbrechende Ideen entstehen scheinbar beiläufig im Spiel. Sie kennt das aus eigener Erfahrung, hat sie sich doch selbst einmal als „Ideenspucker" bezeichnet und damit ein freches, fröhliches Bild für diese Gabe gewählt.

„Für mich kann der Begriff Spiel nicht auf Kinder fokussiert werden. Spiel ist ein anderes Wort für Leben; Spiel betrifft alle Generationen und nicht nur die Kinder", hieß es in einem Vortrag, den sie Anfang 2004 auf einer Fachtagung der Bayerischen Akademie für Naturschutz und Landschaftspflege in Freising hielt. Das Thema lautete „Dorf und Siedlung als Spielraum". Gräfin Sonja forderte darin zu einer Rückbesinnung und Bewusstmachung unserer natürlichen Umwelt als Lebensgrundlage auf. Sie sagte: „Die Kommunikationstechniken beschleunigen das Tempo in unserer Gesellschaft, die Arbeit im Garten hingegen ‚entschleunigt'; sie fördert die Geduld, das Warten-Können und die Ausdauer. In einem afrikanischen Sprichwort heißt es: ‚Auch wenn man am Gras zieht, wächst es nicht schneller.' Die Beschäftigung mit der Natur, besonders im Garten, wird als Ausgleich zu den ‚schnellen' Kommunikationstechniken sogar immer wichtiger; sie führt zur Entdeckung der ‚Langsamkeit', zur Ruhe, Besinnung und Erholung; sie schafft Oasen in einer rasanten Welt."

Bei der Aktion „Wasser ist Zukunft" mit dem jordanischen Botschafter Saleh S. Rusheidat 2003

1982 wurde Gräfin Sonja zur Präsidentin der Deutschen Gartenbau-Gesellschaft 1822 e.V. gewählt und trat die Nachfolge ihres Mannes an, der seit 1955 – dem Jahr ihrer Wiedergründung nach dem Zweiten Weltkrieg – an der Spitze dieser Institution gestanden hatte. Seinen Leitspruch „Gärtnern um des Menschen willen" übernahm sie, erweiterte ihn konsequent auf „Gärtnern um des Menschen und um der Natur willen" und übertrug ihn auf verschiedene Bereiche. Vor allem wollte sie die Menschen so oft und eindringlich wie möglich an die natürlichen Grundlagen ihres Lebens erinnern und landespflegerische und gartenkulturelle Ideen verbreiten. Zu den erfolgreichsten Aktionen, die die Deutsche Gartenbau-Gesellschaft ins Leben gerufen hat, gehört der Bundeswettbewerb „Unser Dorf soll schöner werden – unser Dorf hat Zukunft". Er wurde 1961 zum ersten Mal durchgeführt. Graf Lennart war der Initiator. Er berichtet in seinen Erinnerungen über eine Autofahrt von der Mainau nach Stuttgart, die zu einer Art Schlüsselerlebnis für ihn wurde: „Die Dörfer, durch die diese Landstraßen führten, machten einen, gelinde gesagt, bedauerlichen Eindruck. Schlecht erhaltene Häuser, Misthaufen an der Durchfahrtstraße. Kein grünes Blättchen in den Wohnbezirken." Er wäre nicht Lennart Bernadotte gewesen, wenn er sich mit einem Gefühl des Bedauerns zufrieden gegeben hätte. Wie so oft in seinem Leben entstand unmittelbar nach einer Wahrnehmung eines Missstands die Idee zu seiner Beseitigung oder zumindest Entschärfung. Und gerade Anfang der sechziger Jahre war er in Sachen Umwelt übersensibilisiert. Seine Fähigkeit, andere von seinen Ideen zu überzeugen und langwierige Verhandlungen mit bürokratischen Gremien nicht zu scheuen, sorgte für eine rasche Umsetzung seiner Idee. Schon beim ersten Mal nahmen 5 000 Gemeinden, deren Einwohnerzahl kleiner als 3 000 war, an dem Wettbewerb „Unser Dorf soll schöner werden – unser Dorf in Grün und Blumen" teil. Nach wenigen Jahren fiel der zweite Teil des Titels weg, denn man wollte den Eindruck des „Blumenkasten-Wettbewerbs" vermeiden. Gräfin Sonja kommentiert: „Der Dorfwettbewerb entwickelte sich in der Folgezeit zur größten friedlichen Bürgerinitiative im Nachkriegsdeutschland. Er wurde für Bundesregierung und Bevölkerung zum wichtigen Gradmesser für die Entwicklungen im ländlichen Raum einerseits und zum Impulsgeber für Maßnahmen der Weiterentwicklung in eben diesem ländlichen Raum andererseits." 1989/90 wurden auch die neuen Bundesländer mit einbezogen. Nun stand der Wettbewerb unter dem Motto „Unser Dorf soll schöner werden – unser Dorf hat Zukunft".

Ein weiterer inhaltlicher Schwerpunkt ihrer Tätigkeit als Präsidentin der Deutschen Gartenbau-Gesellschaft sind für Gräfin Sonja die verschiedenen Formen der Naturerziehung. In Anknüpfung an die Initiativen ihres Mannes und die „Grüne Charta von der Insel Mainau" betrachtet sie die Schaffung eines neuen sensiblen Umweltbewusstseins als pädagogische Aufgabe ers-

Königin Silvia von Schweden mit der grünen Schürze von der Mainau 1989

ten Ranges. Es ist ihr ein wichtiges Anliegen, allen Menschen „Wege zur Naturerziehung“ zu ermöglichen. Unter diesem Motto werden bestehende Konzepte kontinuierlich weitergeführt, neue angestoßen, und es wird permanent versucht, die Zahl der Mitstreiter zu vergrößern.

Um ihren Plan, den Ausbau eines Grünen Bildungszentrums auf der Mainau zu realisieren, wünschte sich Gräfin Sonja zu ihrem 60. Geburtstags am 7. Mai 2004 statt Geschenken eine Zuwendung zu ihrem gemeinnützigen Verein „Gärtnern für Alle“, der nun als „Grünes Bildungszentrum“ in eine neue Dimension eingetreten ist. Darin enthalten sind verschiedene Einzelinitiativen, die im Laufe der letzten Jahre und Jahrzehnte ins Leben gerufen wurden: der Mainau Garten Club, das Grüne Telefon, die Grüne Schule, die Gartentherapie und der Lehrgang „Pro Integration“. Letzterer ist ein beeindruckendes Beispiel für die praktische Umsetzung der Idee „Garten für Alle“, weil er genau diejeni-

Einweihung „Garten für Alle" mit dem schwedischen Königspaar 1989

gen anspricht, die oft ausgeschlossen werden: Junge Menschen mit Lernbehinderung werden mithilfe von geschulten Fachkräften auf ihrem Weg ins Berufsleben gefördert. Die Einrichtung besteht seit fünfzehn Jahren und ist sehr erfolgreich. Bisher konnte nahezu allen Absolventen der ein- bis dreijährigen Lehrgänge ein Ausbildungsplatz als Gartenbaufachwerker vermittelt werden.

Zu den zahlreichen Initiativen, die Gräfin Sonja seit Beginn ihrer Tätigkeit für die Deutsche Gartenbau-Gesellschaft ins Leben gerufen hat, gehört auch die Stiftung und Verleihung des „Deutschen Preises für die Wege zur Naturerziehung", der 2002, anlässlich ihrer 20-jährigen Präsidentschaft, umbenannt wurde in „Sonja-Bernadotte-Preis für Wege zur Naturerziehung".

Darüber hinaus werden landesweite Schulgartenwettbewerbe ausgeschrieben. Um einen Anreiz für die Kinder zu schaffen, lädt die Mainau als „Schatzinsel für Naturerlebnisse" zu Entdeckungsspaziergängen ein. Der „Naturerlebnispfad" bildet ein Gegengewicht zu unserer modernen technikdominierten Welt, in der vor allem die visuellen Eindrücke überwiegen, indem er noch viele weitere Sinne anspricht und die Eindimensionalität aufbricht.

Trotz ihres unermüdlichen Einsatzes für die Mainau muss sich Gräfin Sonja dort manchmal gegen den Vorwurf verteidigen, zu viel unterwegs zu sein und zu wenig Zeit auf der Insel zu verbringen: „In meinen ehrenamtlichen Tätigkeiten steckt natürlich eine ganze Menge Vision, die primär fast nichts mit der Mainau zu tun zu haben scheint, die aber immer wieder auf die Mainau ausstrahlt. Denn ich trete immer als Sonja Bernadotte von der Insel Mainau auf. Es ist wirklich ein Win-Win-Spiel. Ich würde mir halt nur wünschen, meine eigenen Leute würden es auch mal als Win-Win-Spiel ansehen und nicht einfach nur als Aderlass an der Chefin, die nie da ist und die für ‚uns Mainauer' keine Zeit hat. Das ist manchmal nicht ganz leicht."

Ähnlich ist es mit dem 1998 gegründeten Verein Europäisches KulturForum Mainau. Dessen Ziel besteht darin, „Kultur und Tourismus am internationalen Bodensee zu einer Einheit zusammen zu führen, zu moderieren und im rasch voranschreitenden Globalisierungsprozess sinnvoll einzusetzen". Der Verein steht unter der Schirmherrschaft des Europarats. Bei seiner Gründung waren das schwedische Königspaar und der damalige deutsche Bundespräsident Roman Herzog zugegen und auf Schloss Mainau wurde die historische Ausstellung „Jean Baptiste Bernadotte – Bürger, Marschall, König" gezeigt.

Seit 1999 wird vom Europäischen KulturForum Mainau alle zwei Jahre der Anneliese Rothenberger-Preis verliehen, der jungen Künstlern den Start in eine weltweite Solokarriere ermöglichen soll. Die Kammersängerin Anneliese Rothenberger ist Vorsitzende der Jury und Garantin für das hohe Ansehen, das diese Auszeichnung genießt.

Gräfin Sonja umrahmt von Martha Domingo und Anneliese Rothenberger 2003

Gräfin Sonja ist sich der Vorreiterrolle der Mainau als Ort der internationalen Begegnung, vor allem in den Bereichen Kultur und Völkerverständigung bewusst. „Nicht nur die Mainau, der gesamte Bodensee muss gestärkt werden und in die Welt hinausstrahlen."

Ein Ereignis, das wesentlich dazu beitrug, fand 2003 statt: die Operalia-Gala mit Plácido Domingo auf der Mainau anlässlich der Austragung des von ihm begründeten Operalia Wettbewerb am Internationalen Bodensee. Dem Weltstar wurde darüber hinaus von der Europäischen Kulturstiftung der Europäische Kulturpreis verliehen. Mit dieser Auszeichnung würdigte die Stiftung, die ihren Sitz in Basel hat, die „völkerverbindende kulturelle Bedeutung des großen Sängers" und seine weltumspannende Förderung junger Künstler durch den Operalia-Wettbewerb.

Verleihung des Europäischen Kulturpreises 2003 an Plácido Domingo, rechts der Präsident der Europäischen Kulturstiftung Dr. Ernst Seidel

Wenn es um die Umsetzung ihrer Ideen geht, scheut Gräfin Sonja keine Mühe. Sie entwickelt dabei Ausdauer und Hartnäckigkeit. Das Spektrum ihrer Visionen ist breit, alle haben jedoch mit Begegnungen zu tun. Die Mainau als Ort der Begegnung hat also in Gräfin Sonja eine adäquate Kommunikations- und Beziehungsstifterin gefunden. Sie selbst hält es für ihre größte Stärke, dass sie sehr vorausschauend ist und wird darin von ihrer Büroleiterin Sabine Neufang bestätigt: „Gräfin Sonja denkt langfristig. Vieles, was sie heute im Kopf hat und wofür sie heute schon Gespräche führt, wird sich erst in einigen Jahren realisieren. Sie stellt sehr schnell Verbindungen her und erkennt, wer und was zusammenpassen und harmonieren könnte." Gräfin Sonja weiß, dass sie sich auf dieses Talent verlassen kann, hat dazu jedoch eine differenzierte Einstellung: „Es kann ein großer

Gala mit Plácido Domingo

Vorteil sein, auf jeden Fall ist es anstrengend. In vielen Fällen weiß ich, wie die Zukunft aussehen wird. Bisher hat sich das meistens als richtig erwiesen. Ich glaube, das ist eine Fähigkeit, die man hat oder eben nicht hat. Lernen kann man das sicher nicht. Die noch größere Stärke besteht aber darin, eine Konsequenz aus seiner Vorausschau zu ziehen und diese auch durchzuhalten, selbst wenn es sehr schwierig ist."

Manchmal hat sie es als belastend empfunden, wenn sie von Graf Lennart gefragt wurde: „Warum musst du immer Recht haben mit dem, was du siehst und was du vermutest?"

Auch wenn das, was sie vorhersieht, einmal nicht gerade erfreulich ist, lässt sie sich davon nicht abschrecken oder gar stoppen, denn sie ist ein konfliktfreudiger Mensch. Sie möchte die Differenzen offen austragen, nicht vergraben oder beiseite schieben. Sie möchte sie klären und damit schließlich beenden. Konfliktbereitschaft ist eine ihrer Eigenschaften, mit denen sie es den anderen nicht immer leicht macht. Vor allem ist es ein Verhalten, das gerade bei Frauen nicht so häufig zu finden ist. Sie selbst arbeitet ebenso gern mit Frauen wie mit Männern zusammen und steht der Emanzipationsbewegung eher skeptisch gegenüber. Sie erklärt:

„Ich habe in ganz seltenen Fällen Probleme mit Frauen und ich hab fast nie Probleme mit Männern. Ich bin eben eine Frau und ich verwende einfach meine Methode, ob die mehr männlich oder weiblich betont ist, ist mir egal. Wahrscheinlich passe ich sie der jeweiligen Situation an. Man muss einfach die Fähigkeiten nutzen, die man hat."

Sie hat nie viel über die Geschlechterproblematik nachgedacht. Weil sie mit zwei Brüdern und vielen Jungen in der Umgebung aufgewachsen ist, konnte sie sich immer gut in die männliche Denkweise einfühlen und Reaktionen auf bestimmte weibliche Verhaltensweisen nachvollziehen. Sie kann es daher auch nicht ausstehen, wenn ständig an den Männern und ihrem angeblichen Macho-Verhalten herumkritisiert wird.

„Den Frauenrechtlerinnenschuh mag ich mir nicht anziehen. Ich habe sehr früh begriffen, dass Frauen aufpassen und ihre Position stärken müssen, aber dieses Bemühen, wie ein Mann zu werden, finde ich schauderhaft. Wir verlieren dabei so unendlich viel."

Wenn sie einmal einen Anflug von Diskriminierung verspürt hat, ist sie dem nicht weiter nachgegangen, sondern hat ihre Kräfte lieber auf ihren eigenen Weg konzentriert. Sie wusste, dass man verloren war, wenn man sich auf diese Art Auseinandersetzung einließ. Man würde Fronten aufbauen, um dann dagegen kämpfen zu können. Das wäre nur anstrengend und würde zu nichts führen. Die Doppelrolle als Unternehmerin und Mutter von fünf Kindern war für sie selbstverständlich. Sie nahm die damit verbundenen Belastungen in Kauf, weil es gar nicht anders ging. Sie hat gar nicht erst darüber nachgedacht, ob sie sich bedauern sollte. Das hätte ihre Zuversicht vielleicht geschwächt. Im Rückblick resümiert sie: „Es war tatsächlich zeitweise eine Drei-Vier-Fünffach-Belastung. Aber es hat mir auch einen Riesenspaß gemacht, weil ich Verantwortung übernehmen konnte, weil die anderen mitgemacht haben und weil etwas weiterging."

Mainauer Fasnacht 1996

Unter Mainauer Paradiesvögeln

Es muss ein Dienstag oder Freitag gewesen sein, denn an diesen Tagen spielte der Lehrer Graf morgens in der Kirche die Orgel und kam anschließend direkt zur ersten Stunde in die Schule. Jedenfalls war es ein ganz normaler Schultag in Litzelstetten Anfang der 50er Jahre. Im Klassenzimmer befand sich hinter dem großen Kachelofen eine Nische, in der ein halbhoher Schrank und ein Papierkorb standen. Dorthin führte der erste Weg des Lehrers. Rasch entledigte er sich seines Mantels und Huts, warf beides auf den Schrank, trat vor die Klasse und begann mit dem Unterricht. Von seinem Pult aus war die Nische nicht einsehbar, weil der Kachelofen die Sicht versperrte.

Sonja Haunz saß in der letzten Reihe. Dort hatten die älteren Kinder ihre Plätze. Vier Klassen teilten sich ein Klassenzimmer in dieser Zwergschule. Irgendwann stand Sonja auf und ging, wie es üblich war, zum Papierkorb, um ihren Bleistift zu spitzen. Da fiel ihr Blick auf die Kleidungsstücke des Lehrers. Sie konnte der Verlockung nicht widerstehen, den Hut aufzusetzen, den Mantel anzuziehen und damit eine kleine Solovorstellung vorzuführen. Der Mantel war natürlich viel zu groß und der Hut reichte weit über ihre Ohren. Bald wurde sie von den Klassenkameraden bemerkt. Deren verstohlenes Gelächter spornte sie an, ihre „Kaschperl-Rolle“ noch auszuweiten, und so dauerte es auch nicht lange, bis der Lehrer bemerkte, dass in der Ofenecke etwas vor sich ging. Als er Sonja entdeckte und fragte, was sie denn da treibe, antwortete sie schlagfertig: „Ich wollte nur mal den Mantel und den Hut anpro-

Hofball auf der Mainau 1981

bieren." Daraufhin sagte er: „Gut, dann gehst du gleich hinauf zu meiner Frau und bringst ihr meine Sachen, aber genauso, wie du jetzt aussiehst. Behalt sie an." Was blieb ihr anderes übrig, als den langen Mantel zu raffen, die Treppe hinaufzusteigen und an der Tür zur Lehrerwohnung zu klingeln. Frau Graf öffnete und brach in schallendes Gelächter aus: „Sonja, sag mal, wie siehst du denn aus?" Auch diesmal war die Komödiantin nicht um eine Antwort verlegen: „Ihr Mann hat gesagt, ich soll Ihnen seinen Hut und Mantel bringen." Natürlich wusste die Lehrersfrau, dass ein Schabernack dahinter steckte, war jedoch erfreut, dass man ihr den vergnüglichen Anblick der kleinen Komödiantin gegönnt hatte.

Verkleidungen und Vorführungen dieser Art machten Gräfin Sonja nicht nur in ihrer Kindheit Spaß. Die Lust, andere zu unterhalten, blieb und entwickelte sich noch weiter. Tanzen, Singen, Schauspielern – das war das, was sie von jeher liebte, und ein Vorbild hatte sie auch schon sehr früh: Caterina Valente. So wie sie wollte sie werden – das war ihr Traum. Dass sie zu Hause diesen Neigungen nachging, war für die hoch musikalische Familie Haunz in Ordnung, aber als Berufswunsch war so etwas damals gänzlich undenkbar. Zum Glück gab es die Fasnacht. Mit fünfzehn trat Sonja Haunz ins Ballett der Litzelstettener Fasnachtsgesellschaft Kuckuck ein. Die Ballettlehrerin Jana Mohlitz kam aus dem Cabaret, konnte steppen und brachte ihren Elevinnen tänzerische Finessen bei. Noch heute schwärmt Gräfin Sonja von dieser Zeit: „Ich habe damals ein paar Steppstücke eingeübt, das war toll. Richtig steppen hätte ich wahnsinnig gern gelernt, aber das hat leider zeitlich nie geklappt. Denn man muss unheimlich viel üben, bis man den Rhythmus drin hat. Also, das wäre etwas für mich gewesen. Das hätte mich unerhört gereizt. Ich habe fünf Jahre im Kuckucksballett getanzt und natürlich auch Sketche gespielt. Ich bin an manchen Abenden bis zu siebenmal aufgetreten. Es hat einfach einen so irren Spaß gemacht, ich konnte mich richtig austoben. Das hat mich unerhört frei gemacht."

Ihr Idol Caterina Valente hat sie viele Jahre später, 1995, persönlich kennen gelernt. Die erste Begegnung mit ihr war allerdings eher enttäuschend. Sie trafen sich anlässlich der Bundesgartenschau in Cottbus zu einer Talkrunde im MDR. Ein Gespräch fand nicht statt, weil die Zeit viel zu kurz war, aber wenigstens konnte Gräfin Sonja öffentlich vor dem Mikrofon äußern, dass sie seit langem von Caterina Valente begeistert war und eigentlich so hatte werden wollen wie sie. Sie nannte auch ihr Lieblingslied: „Granada", aber das war auch schon alles. Nachdem die Talkrunde beendet war, verschwand Caterina Valente sofort. Umso erstaunter war Gräfin Sonja, als sie einige Zeit später Post von ihr bekam. Das Paket enthielt eine CD mit dem von ihr so geschätzten Lied und einen Brief, in dem Caterina Valente schrieb, sie habe sich daran erinnert, dass Gräfin Sonja „Granada" so gern möge. Deshalb sende sie ihr nun ihre neueste Aufnahme davon. Gräfin Sonja war überrascht und höchst erfreut, denn sie hatte in Cottbus nicht den Eindruck gehabt, von der Künstlerin wirklich wahrgenommen worden zu sein.

Im selben Jahr lud sie sie zu Silvester auf die Mainau ein. Gräfin Sonja erinnert sich: „Zwischen uns klappte es sofort. Das ist ja eine Frage der Chemie. Entweder es klappt oder es klappt nicht. Caterina Valente hat sich nicht nur mit mir sehr gut verstanden, sondern auch mit den Kindern. Und sie hat sich sofort in die Mainau verliebt. Jetzt kommt sie von Zeit zu Zeit angereist, wohnt dann einfach zwei, drei Tage bei uns und genießt es. Genau wie Lieselotte Pulver. Die ist manchmal regelrecht mainausüchtig, ruft an und fragt: ‚Sag mal, kann ich zwei Tage kommen? Ich möchte euch einfach mal wieder treffen.' Dann ist sie meistens lange auf der Insel unterwegs. Ja, Caterina Valente und Lieselotte Pulver sind zwei Künstlerinnen, die ich schon immer gern kennen lernen wollte. Als es dann so weit war, hab ich mich riesig gefreut."

Sie selbst konzentrierte sich als Vortragskünstlerin auf die Fasnacht. Für die Mainauer ist die alemannische „Fasnet" eine überaus wichtige Zeit, die so genannte fünfte Jahreszeit. Gräfin

Gräfin Bettina, Lieselotte Pulver, Gräfin Sonja bei den Mainauer Filmnächten 2003

Sonja liebte schon als Kind das Treiben am „schmotzigen Dunschdig“. Die Kinder kamen verkleidet in die Schule und warteten darauf, von den Narren „befreit“ zu werden. Eine Narrendelegation räumte nämlich die Schule aus und nahm die Lehrer gefangen. Sie mussten die schlimmsten Anschuldigungen über sich ergehen lassen. Ihnen wurde vorgehalten, was sie im Laufe des Jahres verbrochen hatten. Die Kinder waren Zeugen und stimmten natürlich gern und unter großem Gelächter zu. Manchmal kam es zu Verteidigungsreden der Lehrer, aber letztendlich ließen sie sich doch verhaften. Sie wurden abgeführt und in einem Wagen durchs ganze Dorf bis zur Dorfkneipe gefahren. Dort gab es etwas zu essen, während weiterhin die üblichen lustigen Neckereien und Unverschämtheiten ausgetauscht wurden.

Mittags wurde dann der Narrenbaum gesetzt. Er blieb bis zum Aschermittwoch stehen. Jede Fasnachtsgesellschaft hatte ihren eigenen Narrenbaum und hütete ihn sehr. Wehe, eine Gesellschaft klaute der anderen dieses Symbol der Fruchtbarkeit – das war ein ganz schlimmer Streich.

Am „schmotzigen Dunschdig", also am Donnerstag vor Rosenmontag, Aschermittwoch und dem Beginn der Fastenzeit, durfte man beim Essen noch einmal so richtig zulangen und Fettgebackenes verspeisen. „Schmotz" bedeutet Schmalz. In vielen Gemeinden gab und gibt es am Abend des schmotzigen Dunschdigs den so genannten Hemdglonkerumzug. Die Teilnehmer tragen weiße Hemden, weiße Schlafmützen und haben ihre Gesichter weiß geschminkt. Manche halten Saublasen in der Hand, mit denen sie den Leuten um sich herum auf den Kopf hauen, andere lassen Rätschen ertönen oder schlagen Topfdeckel aneinander. Auch die Schüler marschieren mit. Sie tragen beleuchtete Plakate mit frechen Aufschriften über ihre Lehrer und den Schulalltag. In Konstanz scheint die ganze Stadt beim Hemdglonkerumzug auf den Beinen zu sein. Ein gespenstischer Zug weiß gekleideter Gestalten, die mit Laternen, Topfdeckeln, Saublasen und Rätschen ausgerüstet sind, zieht lärmend durch die Straßen der Altstadt. Es ist ein beeindruckendes Bild von Ausgelassenheit, Skurrilität und einer eigenartigen Ernsthaftigkeit. Das Weiß erzeugt ein Gefühl der Kühle, Durchsichtigkeit und Distanz und steht in krassem Gegensatz zu dem ohrenbetäubenden Krach, der die Prozession begleitet.

Am Fasnachtssamstag finden alljährlich die Zunftbälle statt. In Konstanz gibt es fast hundert verschiedene Narrenzünfte und dementsprechend viele Bälle. Am Sonntag formieren sich die Narrengesellschaften zum großen Umzug. Die Mainauer schicken dann ihr Heer von Hofgartenzwergen aus. Manchmal sind über hundert Hofgartenzwerge in Konstanz unterwegs. Die Bernadotte-Kinder nahmen von Anfang an daran teil. Gräfin Sonja steckte sie schon in Gartenzwergkostüme, als sie noch ganz klein waren. Wenn sie müde wurden und nicht mehr laufen konnten, machten sie den Umzug im Kinderwagen mit. Oft schliefen sie sogar ein, waren aber immerhin als kleinste Hofgartenzwerge dabei. Das habe sie wahrscheinlich so tief in der Fasnacht verwurzelt, meint Gräfin Sonja schmunzelnd.

Am Rosenmontag geht man Schnorren, was so viel wie Betteln bedeutet. Als Kind ist Gräfin Sonja mit den anderen Kindern von Haus zu Haus gezogen. Sie haben ihre Narrensprüche aufgesagt und dann etwas Geld oder einen Fasnachtskrapfen bekommen.

Am Fasnachtsdienstag wird die alemannische „Fasnet“ beerdigt oder verbrannt. Früher fand der Abschied von der fünften Jahreszeit auf der Mainau erst um Mitternacht statt. Weil irgendwann die Zuschauer ausblieben, hat man es mittlerweile auf den Abend vorverlegt. Dann wird im Schlosshof eine riesige Puppe, zusammen mit einer großen Anzahl von Knallern, verbrannt. Sie glüht eine Weile im Feuer, wehrt sich noch ein letztes Mal gegen ihre Vernichtung, bevor sie umfällt und unter dem Geheul der „Trauergäste“ in den Flammen verschwindet.

Früher wurde auf der Mainau am nächsten Morgen, also am Aschermittwoch, ein Heringsessen veranstaltet. Heute trifft man sich erst mittags um zwölf auf dem Schlosshof. Dann wird der Narrenbaum gefällt und anschließend gibt es Nudelsuppe mit Huhn. Am Abend werden die Narren noch einmal zum Schneckenessen eingeladen, dann ist die Fasnacht endgültig vorbei, und man kann zufrieden sein, wenn man die närrischen Tage auch wirklich intensiv ausgekostet hat. Sie bedeuten schließlich die letzte Chance, vor der Fastenzeit noch einmal aus sich herauszugehen, sich herumzutreiben und mit beiden Händen ins volle Leben hineinzugreifen. Danach hat man erst einmal in sich zu gehen. Stille und Einkehr sind dann gefordert.

In der alemannischen „Fasnet“ spielt die Verkleidung, das Unerkanntbleiben eine wichtige Rolle, zum Beispiel beim Schnorren. In den letzten Jahren war Gräfin Sonja einige Male mit einer

Gruppe von Freunden unterwegs. Sie trug zwar keine Maske, hatte sich aber so geschickt geschminkt, dass selbst gute Bekannte nicht wussten, wer da vor ihnen stand und sie mit frechen Reden provozierte. Nicht einmal die Stimme führte zu ihrer Identifizierung, obwohl sie sie kaum verstellte. Allerdings wurden der ein oder andere manchmal stutzig, wenn sie Insider-Kenntnisse über sie losließ. Das hat sie sehr genossen. Sie erzählt lachend: „Sogar meine eigenen Kinder haben mich nicht erkannt, bis ich den Mund aufgemacht habe. Sie waren total entsetzt, weil ich mich so hässlich geschminkt hatte und riefen: ‚Mami? Nein, das kann doch nicht wahr sein.' Ich glaube, dem Björn habe ich sogar eine Tour vermasselt. Er saß irgendwo mit einem netten Mäschkerle, als ich zu ihm hin bin und ihn umarmt habe. Er fragte mich nur: ‚Musste das jetzt sein?' Ich weiß nicht, ob er ihr dann wohlmöglich noch erklärt hat: ‚Das war meine Mutter.' Ich mochte mich natürlich nie schön machen und rausputzen, denn das muss man ja das ganze Jahr über. Stattdessen hab ich den Trick angewandt, meine Wimpern mit Make-up anzustreichen. Dann fehlen noch blaue Ränder unter den Augen und eine optische Verlängerung der Nase, Zahnlücken, die Lippen weggeschminkt und man sieht grauslich aus. So etwas macht mir eben Spaß."

Auch Graf Lennart und vor allem sein Vater Prinz Wilhelm wurden zu Liebhabern der Fasnacht, die sie ja erst am Bodensee kennen lernten. Für die beiden Schweden war die fünfte Jahreszeit etwas ganz Neues und Fremdes. Sie fanden jedoch sofort Gefallen an dem verrückten Treiben und ließen sich mitreißen. Prinz Wilhelms Spezialität war es, in Frauenkleider zu schlüpfen und sich wie eine Femme fatale herzurichten. Um seiner Begeisterung Ausdruck zu verleihen, stiftete er sogar einen Orden: ein geschwungenes W, das auf einem Stoffherzen steckte. Er überreichte es den Mainau-Narren mit den Worten: „Mein Herz gehört euch."

Graf Lennart verfasste ein „ernsthaftes Aschermittwochsgedicht" mit dem Titel „Was kann man wagen noch hinzuzufügen", in dem es heißt:

Graf und Gräfin feiern Fasnacht

„Ein jeder will das sein, was er nicht ist. / Er sucht in seiner Seele tiefste Nacht / und stellt das dar, was er sonst meist vermisst. / Er nimmt das ernst – aber die Umwelt lacht. / Das ist der Ursprung aller Narretei: / Unüberbrückbare Polarität, / weg von der seelischen Einsiedelei, / weg von der grausamen Realität."

Die Narrenzunft der Mainauer Paradiesvögel wurde am 11.11.1949 in der Betriebskantine „Zur feuchten Geige" gegründet. Ihr Motto ist die alte Narrenweisheit: „Allen wohl und niemand weh." In diesem Sinne erarbeitet der Narrenrat das Showprogramm, das auf den fünf Hofbällen präsentiert wird. Jedes Jahr findet die Revue unter einem neuen Motto statt. 2004 wurde das Palmenhaus zur glamourösen Musical Hall, in der die Skyline von New York aufschien, das Phantom der Oper umging und der Märchenkönig Ludwig vor sich hin träumte. Auch „Superstars" wie Daniel Küblböck, der gerade sein Dschungelabenteuer überstanden hatte, und die langjährige Fernsehmutter der Nation Inge Meysel betraten die Bühne – letztere natürlich gespielt von einem Mann. Die Paradiesvögel sind nämlich berühmt für ihre hinreißenden Travestieauftritte. Man fühlt sich an einen Ausspruch aus dem Hollywood-Film „Tootsie" erinnert: „Manchmal ist der Mann als Frau ein besserer Mann, als er als Mann hätte sein können." Dasselbe gilt für das Männerballett der Hofnarrenzunft, das das Publikum alljährlich zu Beifallstürmen hinreißt. Und irgendwann taucht tatsächlich die Frage auf, ob nicht das Tanzen und Singen die eigentliche Berufung der Akteure ist und ihre Tätigkeit als Finanz-, Küchenchef oder Chauffeur eher der Nebenjob. Jedenfalls ist die Fasnacht ein wichtiger Bestandteil im Unternehmen Mainau, und der Narrenrat wahrscheinlich mindestens ebenso wichtig wie der Betriebsrat.

Fast immer ist auch die Familie Bernadotte an den Mainauer Fasnachtsveranstaltungen beteiligt. Die Kinder haben unter der Regie ihrer Mutter schon früh damit begonnen, auf den Hofbällen aufzutreten. Einmal gingen die Fünf als Schlümpfe verkleidet und sangen einen von ihrer Mutter ausgedachten Schlumpfsong. Sie waren blau geschminkt und trugen weiße Zipfelmützen. Obwohl Fasnacht war, mussten sie am Samstagmorgen in die Schule. Bettina schrieb sogar eine Klassenarbeit. Als der Lehrer hinter ihr stand, um sich genauer anzuschauen, was seine Schülerin aufs Papier brachte, bemerkte er vorwurfsvoll: „Also, Bettina, du könntest dich eigentlich mal wieder hinter den Ohren waschen." Daraufhin guckte sie ihn bloß verständnislos an und meinte: „Schließlich war ich gestern Abend noch ein Schlumpf."

In plastischer Erinnerung hat Gräfin Sonja auch eine Fasnacht, bei der sie zunächst keine Idee für einen Auftritt der Kinder hatte. Die Wochen gingen dahin, die Hofbälle rückten näher, die Fünf plagten sie mit der Frage: Warum haben wir noch nichts? Wir müssen doch endlich mit den Proben anfangen. Das hatte es bisher ja noch nie gegeben. Ihre Mutter steckte doch normalerweise voller Einfälle und genoss die Vorbereitungszeit, in der sie gemeinsam die Szenen einstudierten.

Endlich kam Gräfin Sonja die rettende Idee. Sie dachte an ihre Japanreise und ihr gingen plötzlich die No-Gesänge, die sie dort gehört hatte, im Kopf herum: fremde, sich scheinbar dahinquälende Weisen. Dann entwickelte sie eine passende Choreografie zu den irgendwie unheimlich wirkenden Klängen: Skelette bewegen sich in unterschiedlichem Tempo und geben No-Gesänge vor sich. Um Mitternacht traten die Kinder auf. Sie trugen schwarze Trikots, schwarze Hauben, nur Augen, Mund und Nase waren ausgeschnitten. Auf die schwarzen Trikots waren Skelette gemalt. Bei entsprechender Beleuchtung sah das richtig gruselig aus. Sogar Totenköpfe waren auf ihren Hauben dargestellt, einzig Björn war kopflos. Er hatte einen Totenschädel unter dem Arm. Das Erscheinen der makabren Gruppe war perfekt inszeniert: Mit dem letzten Zwölf-Uhr-Glockenschlag öffnete sich knarrend eine große Kiste und die kleinen Skelette stiegen heraus. Sie bewegten sich zunächst langsam zur No-Musik und wurden dann immer schneller. Schließlich hopsten sie auf einem Hüpfball herum und Björn ließ aus Versehen seinen Totenkopf ins Publikum fallen. Prompt wurde er zu ihm zurückgeworfen. Die Zuschauer waren so begeistert, dass er es von da an jeden Abend machen musste. Schließlich warf er den Kopf sogar mit Schwung in die Menge. Diese Vorstellung kam bei den Zuschauern so gut an, dass heute noch davon geschwärmt wird.

Gräfin Sonja trat eine Zeit lang gern als Charly Chaplin auf. Einmal hatte sie sich eine Dressurnummer ausgedacht und ihre Kinder als Pudel verkleidet. Diana war erst zweieinhalb, verkörperte jedoch den Hund sehr überzeugend. Die Sache hatte allerdings einen Haken: Zu dieser Nummer gehörte es nämlich, dass Charly alias Gräfin Sonja ab und zu strauchelte und hinfiel. Sie tat das sehr demonstrativ, stolperte und schmiss sich dann so heftig auf den Boden, dass ihre jüngste Tochter wie am Spieß brüllte, und zwar jedes Mal aufs Neue. Gräfin Sonja war ratlos. Einerseits wollte sie natürlich nicht, dass Diana so litt, andererseits fürchtete sie um ihren Auftritt, denn das Geschrei irritierte natürlich die anderen Kinder. Diese versuchten mit allen Tricks Diana zu beruhigen und ihr zu erklären, dass der Sturz kein Unfall war, sondern ein Spiel. Aber es war einfach nichts zu machen. Diana brüllte jedes Mal wieder los. Erst bei der Hauptprobe auf der Bühne, im Scheinwerferlicht und vor Publikum, war es vorbei mit dem Geschrei. Da blieb sie still.

Ein anderes Mal war Christian der Unglückliche. Er wollte seinen Auftritt mit einem tollen Salto krönen und hatte schon tüchtig trainiert. Am Morgen vor der Aufführung passierte ihm ein Missgeschick: Er fiel auf die Tischkante und schlug sich die Augenbraue auf. Weil es stark blutete, fuhr Gräfin Sonja mit ihm ins Krankenhaus. Die Wunde musste genäht werden, und Christian ließ alles tapfer über sich ergehen, ohne zu klagen. Er biss die Zähne zusammen und sagte keinen Ton. Endlich stellte Gräfin Sonja in der Ambulanz die Frage, auf die ihr Sohn wohl schon die ganze Zeit gespannt gewartet hatte: „Es gibt ein großes Problem, wir haben heute Abend einen Auftritt, und mein Sohn plant einen Salto. Ist das möglich?“ Der Arzt antwortet sofort: „Das ist undenkbar. Der Salto findet nicht statt.“ In diesem Moment fing Christian laut an zu brüllen. Er schrie wie am Spieß und weinte

Gräfin Sonja als Charly Chaplin

Gräfin Sonja in den achtziger Jahren

bitterlich, die Tränen sprangen ihm in Kaskaden aus den Augen. Nach einem Moment der Ratlosigkeit hatte Gräfin Sonja eine Idee: „Darf er denn, wenn ich ihn festhalte, an mir hochklettern und diesen Salto an mir machen?“ Das erlaubte der Arzt und damit war Christians Auftritt beinahe gerettet.

Wenn Gräfin Sonja von der Fasnacht erzählt, gerät sie ins Schwärmen. „Fasnacht ist etwas unerhört Schönes. Es hat eine reinigende Wirkung. Man kann im närrischen Sinne aussprechen, was man sonst vielleicht nicht sagen würde. Man muss an Fasnacht loslassen können. Wir hier am Bodensee sagen: Wer an Fasnacht nicht verrückt ist, der ist das ganze Jahr verrückt.“

Eine Fasnachtsimpression, die sie stark beeindruckt hat, zeigt noch eine weitere Seite dieses facettenreichen Geschehens. Auf der Basler Fasnacht beobachtete sie einmal, wie vereinzelte Trommler und Piccolopfeifer nach dem großen Umzug durch die Straßen liefen. Versonnen vor sich hin pfeifend oder trommelnd gingen sie durch die Stadt, ohne ihre Umgebung wahrzunehmen. Sie schienen vollkommen in sich gekehrt, nur mit sich selbst und ihrem Instrument beschäftigt. Dieser Zustand, der sich ihr offenbarte, und den sie als eine tiefe Verinnerlichung von Brauchtum interpretierte, ging ihr besonders nahe.

Leider sind ihr aber auch die negativen Seiten nicht erspart geblieben: Ihr älterer Bruder machte nämlich die Fasnacht zu seinem wichtigsten Angriffs-Instrument, als er noch auf der Mainau tätig war und gegen sie zu arbeiten begann. Er hatte ein großes Talent als Verfasser von Sketchen, war schauspielerisch begabt, sang phantastisch, und hatte sich dadurch und vor allem durch seine Fähigkeit, Stücke zu schreiben und zu inszenieren, eine exponierte Position im Mainauer Narrenrat erarbeitet. Diese Stellung nutzte er aus, um seiner Schwester von der Bühne herunter all die Nadelstiche zuzufügen, die er übers Jahr nicht hatte platzieren können. Es ging so weit, dass Gräfin Sonja ankündigte, sich erst einmal total aus der Fasnacht auszuklinken.

Es war einfach zu viel und sie wollte sich das nicht länger antun. Gräfin Sonja erklärt: „Ich stand dem Ganzen völlig hilflos gegenüber, ich konnte einfach nichts dagegen tun, obwohl ich viel Erfahrung mit eigenen Fasnachtsauftritten hatte. Ich war ja früher bei den Litzelstettener Kuckucks und bin dann durch meine Heirat umgestiegen zu den Mainauer Paradiesvögeln. Ich habe oft ausgeteilt und war nicht gerade zimperlich in meinen Auftritten. Es darf ja auch ruhig frech sein, aber es muss liebevoll sein. Wenn es nur noch weh tun soll, dann herrscht da ein Missverständnis."

Für Gräfin Sonja hatte die Angelegenheit darüber hinaus noch einen nachhaltigen Effekt: Ihr war die Lust am Auftreten vergangen. Wenn man bedenkt, was die Fasnacht gerade für sie verkörpert hatte, lässt sich vielleicht ermessen, welchen Verlust nun die Abwendung für sie bedeutete. Sie hatte neben der Freude am Tanzen und Singen auch die Tiefendimension dieser fünften Jahreszeit zu schätzen gewusst.

Fasnacht bedeutete in dieser Region eine Verbindung von Tradition und Erneuerung, die jedes Jahr wieder stattfand. Die Hoffnung, dass immer ein Neuanfang möglich war, ohne dass man das Alte ganz verlassen musste, wurde in der Fasnacht beinahe zur Gewissheit. Es zeigte sich darin die enge Verbindung von jahrhundertealtem Brauchtum, festen Regeln, Improvisation und Spontaneität – eindrucksvoll symbolisiert im Bild des Piccolopfeifers, der allein nach der „Vorstellung" zurückbleibt – der Applaus ist verklungen, das Publikum verschwunden. Ein Bild, das Einsamkeit ausdrückt und doch gleichzeitig die Zugehörigkeit zu einem großen Kreislauf aus Sicherheit, Harmonie und Tanz.

1998 war Gräfin Sonja zum Glück noch einmal ein erfreuliches Fasnachtserlebnis vergönnt, was ihr nicht nur Spaß bereitete, sondern auch ihre Schlagfertigkeit und ihr Improvisationstalent herausforderte: Sie wurde von den „Jakobinern", einer Konstan-

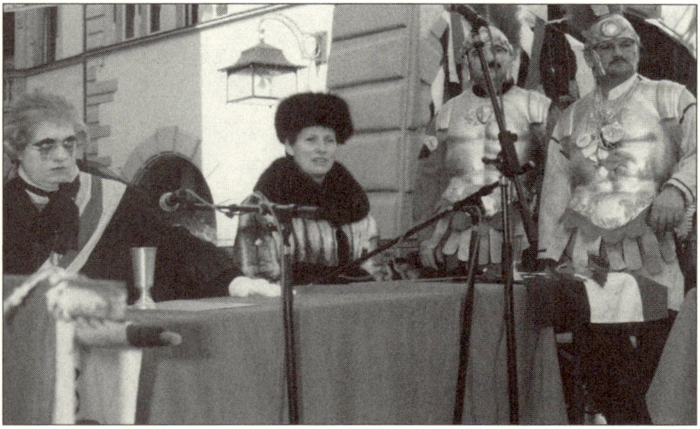

Vor dem Tribunal in Konstanz 1998: Die angeklagte Gräfin …

zer Narrengesellschaft, vor das Tribunal auf dem Obermarkt zitiert und des Verrats an der badischen Revolution angeklagt. Man warf ihr vor, als Kind aus dem Volk einen Adligen geheiratet und damit die Errungenschaften des Bauernaufstands untergraben zu haben. Gräfin Sonja entschloss sich zu einer Camouflage: Als würdige Gräfin mit Pelzmantel und Pelzmütze gekleidet, trat sie vor das Narrengericht und wurde mit der Anklage konfrontiert. Die Frage des Richters: „Angeklagte, haben Sie etwas dazu zu sagen?“ war für sie das Stichwort, sich mit einer schnellen Bewegung des Pelzmantels zu entledigen, die Pelzmütze vom Kopf zu reißen und durch eine skurrile Perücke zu ersetzen. So ausstaffiert begann sie nun in breitestem Litzelstettener Dialekt das gesamte Tribunal zu beschimpfen. Sie fragte die Angehörigen, was ihnen denn eigentlich einfiele. Ob sie sich überhaupt vorstellen könnten, was passiert wäre, wenn sie den Grafen nicht geheiratet hätte. Ohne sie wäre der nämlich längst nicht mehr hier. Und wer hätte an seiner Stelle das für die Region getan, was er getan hat? Dann forderte sie die Versammel-

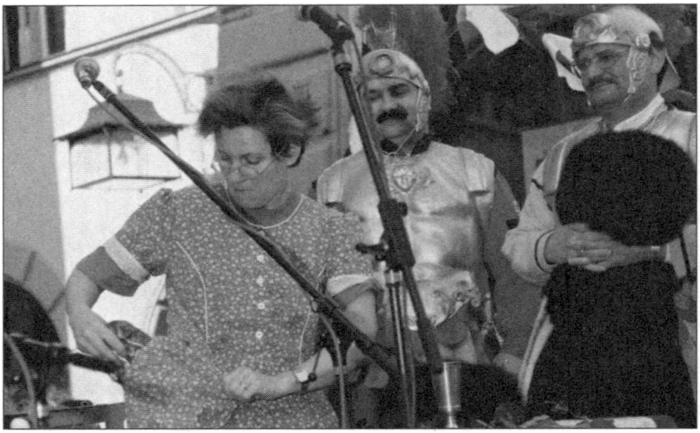

… verteidigt sich als Frau aus dem Volk

ten auf, sie doch bloß einmal richtig anzusehen. Schaute so vielleicht eine Verräterin der Revolution aus?

Das Publikum war hellauf begeistert. Der Richter – außerhalb der Fasnacht ein Nationalrat aus der Schweiz – konnte sich kaum halten vor Lachen und fiel beinahe rückwärts vom Tribunal. Die wenigsten hatten vorher gewusst, dass sie überhaupt Dialekt sprechen konnte. Sie glaubten ihren Ohren nicht zu trauen, als Gräfin Sonja loslegte und ihre Ankläger ebenso energisch wie einfallsreich in Grund und Boden redete und waren verblüfft, die Herrin der Mainau von dieser Seite kennen zu lernen.

Ansichten einer Optimistin

„Der Lebensmeister" heißt das Buch ihres Lieblingsphilosophen Seneca, das Gräfin Sonja vor einigen Jahren von Lieselotte Pulver geschenkt bekam. Die Schauspielerin hatte es mit der Widmung versehen: „Wahre Freundschaften stellen keine Bedingungen." Dieser Satz berührte Gräfin Sonja stark, denn er fasste etwas in Worte, was sie selbst empfand: Freundschaft sollte eigentlich nicht an bestimmte Verhaltensweisen geknüpft sein. Diese Maxime übertrug sie auch auf die Beziehung zu ihren Kindern. Natürlich war und ist es nicht immer leicht, Bedingungslosigkeit zu praktizieren und scheint sogar einigen Erziehungsprinzipien zu widersprechen, aber als Anspruch ist sie bei ihr vorhanden. Sie hat sie auch in ihrer eigenen Kindheit erfahren. Ihre Eltern waren einfach für sie da und verlangten nichts dafür, weder Dankbarkeit noch ein bestimmtes Verhalten. Sie erinnert sich genau: „Ich musste mich im Verhältnis zu meinen Eltern nie verbiegen, und ich würde mich auch in einer Freundschaft nicht verbiegen wollen. Vielleicht verlange ich es von meinen Kindern manchmal, auch ohne dass es mir bewusst ist. Ich bin sicher keine Mutter, die alles richtig macht, aber ich möchte eine sein, die möglichst wenig falsch macht. Das gilt auch letztendlich in einer Freundschaft."

Sie hat hohe Ansprüche an ihre Freunde, lässt ihnen gleichzeitig viel Freiheit und reklamiert diese auch für sich. Sie weiß, dass Freundschaft, genau wie Liebe, kein konstanter Zustand ist, sondern sich entwickelt und dabei unterschiedliche Richtungen

Das Grafenpaar beim „Start ins Blumenjahr" auf der Mainau 2003

einschlagen kann. Die Wege von Freunden trennen sich zeitweise, ihre Lebensumstände verändern sich, dadurch entsteht manchmal ein als schmerzhaft empfundener Abstand, aber der kann sich wieder verkleinern. Freundschaft verläuft in Wellenbewegungen, das muss man akzeptieren und trotzdem versuchen, das Grundgefühl von Vertrauen und Vertrautheit zu bewahren, das als Tiefenschicht unter dem aktuellen Kontakt liegt.

Bei ihrer Arbeitsbelastung war es nicht immer leicht, ihre Freundschaften so zu pflegen, wie sie es gern getan hätte. Ab und zu tauchte dann in der Rückschau die Frage auf: Warum bin ich damit nicht sorgfältiger umgegangen? Durch ihre Partnerschaft mit Graf Lennart wurde sie nämlich schon sehr früh mit dem endgültigen Verlust einiger Freunde konfrontiert. Es waren außergewöhnliche Erfahrungen, die sie, bedingt durch den großen Altersunterschied zu ihrem Mann, machte. Denn die meisten seiner Freunde, die auch zu ihren wurden, waren wie er mehr als dreißig Jahre älter als sie. Wenn dann einer von ihnen im Alter von acht-

Hutmodenschau beim Gräflichen Inselfest 2003

zig Jahren starb, war das zwar sehr traurig, aber letztlich auch natürlich, denn es entsprach den Gesetzen des menschlichen Lebens, und deren Konsequenzen lernte Gräfin Sonja schon sehr früh in ihrer unmittelbaren Umgebung kennen. Ihre Einstellung zum Tod wurde dadurch differenzierter und abgeklärter.

Das Sterben ihrer Mutter hat sie sehr bewusst erlebt und begleitet. Als sich abzeichnete, dass die Mutter nur noch wenige Monate zu leben hatte, holte sie sie zu sich nach Hause auf die Mainau und baute dort eine Krankenstation auf. Ihre eigenen Aktivitäten schraubte sie auf ein Minimum zurück, um so viel Zeit wie möglich mit ihrer Mutter zu verbringen. Ihr war auf einmal klar geworden, wie wenig sie eigentlich von ihr wusste. Im Nachhinein empfindet sie es tröstlich, dass sie in diesen letzten drei Monaten noch über vieles haben reden können, was vorher so lange unausgesprochen war.

Die Mutter kam im Herbst 1997 auf die Mainau, und Gräfin Sonja begann bald, „mit dem Herrgott zu handeln“: Es wäre doch schön, wenn die Mutter ihren Geburtstag am 29. Januar noch erleben könnte. Als sie spürte, dass das unwahrscheinlich war, bat sie um einen Aufschub bis Silvester, dann bis Weihnachten, aber die Mutter starb schließlich am 16. Dezember. Gräfin Sonja weiß: „So etwas kann ja nur von oben geschenkt werden. Die Ärzte können natürlich einiges tun, aber letztendlich kann man die letzte ‚Entscheidung‘ nicht beeinflussen. In solchen Situationen kann man nur beten, sich an einen Herrgott wenden, von dem man weiß, dass er es eigentlich gut mit uns meint. Ich habe nie etwas von dem Bild eines rachsüchtigen Gottes gehalten. Daran hab ich nie geglaubt. Das ist Menschenwerk und hat nichts mit dem Gott zu tun, den ich manchmal um Unterstützung bitte. Nein, so kann er nicht sein, wenn es ihn wirklich gibt.“

Ihre Mutter hat die Vorweihnachtszeit auf der Mainau noch erlebt und deutlich sichtbar genossen. Bis zum Schluss konnte sie sich freuen und strahlen, obwohl sie von ihrer Krebserkrankung schwer gezeichnet war. Sie war glücklich, als sie den prächtigen Lichterbaum im Schlosshof sah und als sie die vorweihnachtliche Matinee mit dem Kammerorchester Konstanz im Weißen Saal miterlebte und besonders, als sie ihre Tochter in der Mainauer Kirche „Lucia“ singen hörte. Das traditionelle schwedische Lucia-Fest wird alljährlich am 12. und 13. Dezember auf der Mainau gefeiert. Die heilige Lucia, die Lichterkönigin, trägt eine Krone mit brennenden Kerzen und beleuchtet die längste Nacht des Jahres. Gräfin Sonja hat die Heilige Lucia gern und häufig verkörpert und ihre Lieder gesungen.

In diesen letzten Lebensmonaten der Mutter hat sie die verschiedenen Phasen der Sterbe-Begleitung an sich selbst beobachtet, wie sie auch in den Büchern von Elisabeth Kübler-Ross geschildert werden. Zunächst reagierte sie mit Ablehnung und Abwehr: Es kann nicht wahr sein, man muss etwas tun können. Dann ließ sie den Gedanken zu, dass der Tod der Mutter wahrscheinlich sei. Aus der Wahrscheinlichkeit wurde allmählich eine Gewissheit. Diese machte endlich das liebevolle Begleiten möglich. Gräfin Sonja lud alle Geschwister ihrer Mutter auf die Mainau ein, damit sie von der Todkranken Abschied nehmen konnten.

Auch die Enkel waren in diese Zeit des Sterbens einbezogen. Gräfin Sonja erinnert sich an die letzten vierundzwanzig Stunden mit ihrer Mutter: Diana backte in der Nacht einen Kuchen. Christian machte Musik. Sie waren einfach beieinander. Leider musste Diana am nächsten Morgen zurück ins Internat. Kurze Zeit, nachdem sie die Mainau verlassen hatte, starb ihre geliebte Großmutter. Es war für Diana sehr traurig, nicht dabei gewesen zu sein, aber man hatte vorher nicht wissen können, dass der Tod in diesem Moment des innigen Zusammenseins so nah war.

Gräfin Sonja hat allerdings auch schon am eigenen Leib erfahren, wie nah beieinander Leben und Tod liegen können. Es war im Herbst 1995. Sie war gerade auf Reisen: zehntausend Kilometer durch Deutschland – fünfundvierzig Dörfer innerhalb von vier Wochen anlässlich des Dorfwettbewerbs „Unser Dorf soll schöner werden – unser Dorf hat Zukunft". Es war wie immer eine sehr spannende und anstrengende Reise und sie war vorher noch schnell zur Routineuntersuchung beim Gynäkologen gewesen. Dieser rief sie unterwegs an, weil etwas nicht in Ordnung war. Sie ließ eine zweite Röntgenaufnahme machen, dann Ultraschall, dann Kernspintomografie, dann Gewebeprobe. Mitten in der Arbeit erreichte sie der Anruf mit der Diagnose: Brustkrebs. Ihre erste Reaktion war, dem Arzt gleich zu sagen, sie müsse am kommenden Montag einen Vortrag vor der Montagsgesellschaft in Freiburg halten, und er meinte, das könne sie natürlich tun, wenn sie die Kraft dazu habe.

Ihre Pressereferentin Maria Regele kann sich noch gut daran erinnern: „Es war vor einer Pressekonferenz. Auf dem Weg dorthin sagte sie mir, sie müsse ins Krankenhaus und nannte mir die Diagnose. Ich war so erstaunt, dass ich gar nichts sagen konnte und hab nur gedacht: Und jetzt auch noch diese Pressekonferenz. Die hat sie durchgezogen wie immer, obwohl sie den Befund hatte, das war für mich mehr als Disziplin. Da konnte ich nur sagen: Hut ab. Ich habe sogar kurz gedacht, ob das nicht zu viel ist. Ob sie nicht zu viel Kraft dafür braucht. Aber da kannte ich sie noch zu wenig, um das beurteilen zu können. Heute würde ich sagen: Ja, das steht sie durch."

Auch Gräfin Sonjas persönliche Sekretärin Rose Stauß war von der Haltung ihrer Chefin beeindruckt: „Sie ist so eine starke Frau. Sie hat alles allein durchgezogen, natürlich mithilfe von Graf Lennart und den Junioren. Und sie war trotzdem immer ansprechbar für uns. Sie hat nicht gesagt: Ich bin jetzt krank, ich muss erst gesund werden, dann könnt ihr mich fragen."

Alles ging sehr schnell: Am 3. Oktober fand das vorbereitende Operationsgespräch statt, am 6. Oktober die Operation. Anschließend musste sie sich einer Chemotherapie unterziehen, „ging auf Tauchstation“ und sagte sich: „Bis jetzt habe ich so viel gearbeitet, nun muss ich mir Zeit für mich nehmen. Jetzt bin ich mal dran.“ Was das Unternehmen betraf, so wusste sie, dass sie sich auf ihren zweiten Geschäftsführer und auf ihre Mitarbeiter hundertprozentig verlassen konnte. Die Repräsentationspflichten wurden von ihrem Mann und ihren Kindern übernommen. Die Älteste, Bettina, war zu diesem Zeitpunkt einundzwanzig. Gräfin Sonja berichtet anerkennend: „Das haben sie toll gemacht. Da habe ich erst gemerkt, welche Kräfte in der Familie frei werden. Die Kinder haben ihre Terminkalender rausgeholt und ich habe ihnen gesagt: So, und jetzt übernimmst du das, du das, du das – macht mal! Jetzt könnt ihr schon mal ein bisschen üben, wie das ist, wenn es mich dann vielleicht nicht mehr gibt.“

Nachdem die praktischen Fragen geklärt und die organisatorischen Dinge geregelt waren, drängten sich ihr andere Überlegungen auf: Sie musste erst einmal die absurde Situation verarbeiten, die dadurch entstanden war, dass sie sich gut gefühlt hatte, wie immer zur regelmäßigen Routineuntersuchung gegangen war und dann eine derartig niederschmetternde Diagnose erhalten hatte. In diesem extremen Moment war damals natürlich sofort die Frage aufgetaucht: Wie fortgeschritten und wie aggressiv ist die Erkrankung? Kann man sie ohne weiteres in den Griff bekommen oder ist das jetzt der Anfang vom Ende? Sie entschloss sich gleich, so aktiv und konstruktiv wie möglich damit umzugehen und zog gleichzeitig eine Art Bilanz:

„Ich habe zu mir gesagt, also, im Prinzip kannst du doch eigentlich mit deinem Leben richtig zufrieden sein. Wenn es jetzt wirklich zu Ende gehen würde, könntest du doch sagen, du hast viel in deinem Leben bewegt. Das, was du in all diesen Jahren erlebt hast, das reicht im Prinzip eigentlich für drei Leben. Und das war merkwürdigerweise ein ganz beruhigendes Gefühl. Das man sagen kann, gut, es wäre natürlich furchtbar traurig, ja sogar tragisch. Es würde mich sicher deprimieren, Abschied zu nehmen von meinem Mann, der sich bestimmt nicht vorgestellt hat, dass er mich mal überlebt. Abschied zu nehmen von fünf Kindern, die natürlich noch nicht so weit sind, dass sie wirklich etabliert im Leben stehen und sagen können, wir packen es. Aber wenn es tatsächlich so wäre, müsste man es doch hinnehmen. Und das war schon ein eigenartiges Gefühl, auch ein Gefühl der Ruhe. Nun ist es ja aber zum Glück nicht so gekommen, sondern ich habe das Gott sei Dank alles gut überstanden, fühle mich wieder sehr gesund und tue auch alles, damit das so bleibt."

Es tauchten auch immer wieder unbequeme Fragen in ihr auf: Ist wirklich alles sinnvoll, was ich mache? Oder muss ich gewisse Dinge absetzen? Es gab ihr zu denken, dass sie die Signale ihres Körpers, die es bestimmt viel früher schon gab, übersehen hat. Manchmal war sie eben müde oder abgekämpft, das gehörte einfach dazu. Schließlich ging sie einer anspruchsvollen und anstrengenden Tätigkeit nach und hatte eine verantwortungsvolle Position. Es war nicht leicht, zu erkennen, wann eine Grenze überschritten war, vor allem deshalb nicht, weil sie über ein großes Reservoir an Energien verfügte und so viel Spaß an ihrer Arbeit hatte. Und außerdem dachte sie so wie viele: Mir kann das sowieso nicht passieren.

Sie ging sehr offen mit ihrer Krankheit um, hielt es für wichtig, ihre Erfahrungen an andere Frauen weiter zu geben, zum Beispiel die Notwendigkeit, regelmäßig zur ärztlichen Kontrolluntersuchung zu gehen, denn das hatte sie letztlich gerettet. Es gab eine Reihe von Maßnahmen, die sie selbst nach Möglichkeit befolgte und empfahl: ausreichenden Schlaf, gesunde Ernährung, so viel Bewegung wie möglich. Sie wollte anderen Betroffenen Mut machen. Irgendwann hatte sie jedoch genug von den Interviews zu ihrer Krankheit und wollte nicht mehr weiter dazu befragt werden.

Gräfin Sonja berichtet schmunzelnd, dass ihre Kinder sich damals vor allem um ihren Vater sorgten. Sie waren sich unsicher, wie er damit klar kommen würde. Um ihre Mutter schienen sie beinahe weniger Angst zu haben, weil sie nicht daran zweifelten, dass sie es schaffen würde. „Die macht das schon, die steckt das schon weg, haben sie wahrscheinlich gedacht", vermutet Gräfin Sonja und ergänzt: „Was ja auch stimmte." Auch Graf Lennart, der zu Beginn schwer geschockt war und sicher große Angst hatte, vertraute auf ihre Stärke und ihr Durchhaltevermögen. Dabei unterstützte er sie sehr. Er begleitete sie ins Allgäu, wo sie sich in Kempten ihrer Chemotherapie unterzog. Parallel dazu, sozusagen als Selbsttherapie, schrieb sie ein Kochbuch. Sie kannte sich gut genug, um zu wissen, dass sie es nicht aushalten würde, ein halbes Jahr lang nichts zu tun. Ins operative Geschäft des Unternehmens wollte sie sich nicht einmischen, denn sie sah, dass es ohne sie gut lief, aber diese selbstständige Schreibtätigkeit schien ihr in dieser Situation das Geeignete.

Das Vorhaben zu einem solchen Buch existierte schon etwas länger. Sie bekam nämlich von Graf Lennart ab und zu Kochbücher geschenkt, vielleicht weil seine erste Frau eine Superköchin war und eine Riesenbibliothek an Kochbüchern besaß. Gräfin Sonja hingegen konnte mit diesen Geschenken ihres Mannes nicht viel anfangen. Sie erschrak bereits, wenn sie darin die Liste der Zutaten und all die Fachausdrücke las und hatte wenig Lust, die Rezepte auszuprobieren. Sie vermutete, dass sie damit bestimmt nicht allein war und hielt es deshalb für eine gute Idee, ein Kochbuch für Anfänger und Dilettanten zu schreiben, also für Menschen, die nicht kochen können, es aber irgendwann aus irgendwelchen Gründen tun müssen. So ging es ihr nämlich immer, wenn sie mit ihrer Familie in den Ferien war. Dann versuchte sie jedes Mal, sich zu erinnern, was sie vor vielen Jahren in der Haushaltsschule bei den katholischen Schwestern oder zu Hause von ihrer Mutter gelernt hatte. Ein passender Titel für das Buch fiel ihr sofort ein: „Hilfe, ich muss kochen!"

Beim Manuskript half ihr Heinz Flick, der Schlossküchenchef der Mainau, und die beiden hatten viel Spaß beim Zusammentragen und Darstellen der Zubereitungsanleitungen. Neben den unkomplizierten und wohlschmeckenden Standardgerichten und Ideen zur Verwertung von Resten schufen sie Kreationen wie „Schinken mit Schwips“ und „Pariser Brote à la Sonja“. Der Verlag, dem sie das Buch vorschlug, war von der Idee begeistert, allerdings nicht vom Titel. Man sagte ihr, „Hilfe, ich muss kochen” sei ungeeignet, denn ein solcher Titel ließe ja vermuten, dass die Gräfin Bernadotte nicht kochen könne. „Da hab ich gesagt: Ja, ich kann ja auch nicht kochen“, erzählt Gräfin Sonja belustigt. „Ich will einfach ein Kochbuch für alle schreiben, die auch nicht kochen können. Mich regt nämlich an den normalen Kochbüchern schon das Vokabular auf, das ein Laie überhaupt nicht verstehen kann: Blanchieren und tranchieren und was weiß ich, was es alles an Fachausdrücken gibt, die man überhaupt nicht verstehen kann, wenn man kein Profi ist. Das alles wird es in meinem Buch nicht geben. Es wäre mir doch im Traum nicht eingefallen, ein normales Kochbuch zu schreiben. Aber so war es eine wunderschöne Therapie für mich.“

Der Verlag bestand auf den Titel „Gräfin Sonja Bernadottes persönliche Kochnotizen”, den sie für langweilig hielt. Man entschloss sich zu einem Kompromiss: Der Teil der Auflage, der auf der Mainau verkauft wurde, erhielt die Überschrift, die Gräfin Sonja sich ausgedacht hatte: „Hilfe, ich muss kochen“. Im Vorwort lieferte Graf Lennart dazu noch eine Ergänzung: „Hilfe, ich muss es essen“. Natürlich war das Buch mit diesem Titel ein großer Erfolg.

Gräfin Sonja ist am 7. Mai 2004 sechzig Jahre alt geworden, am Tag danach wurde Graf Lennart fünfundneunzig. Einen „runden“ Geburtstag verbindet man im Allgemeinen mit einer Bilanz, und Gräfin Sonja erlebt dieses Lebensalter als spannende Umbruchphase. Nach wie vor ist sie ein kommunikativer

Die versammelte Geburtstagsgesellschaft Bernadotte-Romanoff im Mai 2004 auf der Mainau

Mensch, eine Netzwerkerin und „absolute Teamspielerin", die sowohl im Privatleben als auch im Unternehmen von Gesprächen und Begegnungen gelernt hat. Nach wie vor ist sie neugierig auf die Lebenseinstellungen und Erfahrungen anderer Menschen und hört ihnen gern zu, aber gleichzeitig wird ihr jetzt immer stärker klar, dass sie letztendlich doch allein ist. Allein und für sich selbst und ihre Entscheidungen verantwortlich. Noch ist diese Erkenntnis mit keinem konkreten Gefühl verbunden, weder mit dem des Bedauerns noch mit dem der Befreiung. Sie erklärt: „Ich bin unsicher, was es letztendlich mit mir macht. Es ist etwas, was sich im Moment wirklich ereignet, weil Tendenzen in meinem Leben darauf hinsteuern. Graf Lennart ist dabei, sich in sich zurück zu ziehen, meine Kinder sind dabei, sich von mir zu entfernen. Meine Eltern sind tot. Und da stehe ich jetzt und bin ich und muss einfach für mich einstehen."

Bisher hat jede neue Lebensphase für sie etwas Neues gebracht. An ihrem fünfzigsten Geburtstag wurde sie in Interviews immer wieder gefragt: „Sagen Sie mal, das muss doch jetzt eine Zäsur für Sie bedeuten, was hat sich denn für Sie verändert?" Bis zu diesem Zeitpunkt hatte sie überhaupt nicht darüber nachgedacht, aber nun blieb ihr nichts anderes übrig. Die Konsequenz ihrer Überlegungen bestand darin, einen Mainau Garten-Club zu gründen. Zehn Jahre später richtet sich ihre Aufmerksamkeit verstärkt auf das Grüne Bildungszentrum und auf die Stiftung „Singen mit Kindern". Es ist also eigentlich mit zunehmendem Alter immer etwas hinzugekommen. Ein Älterwerden im Sinne des Aufgebens oder Abstoßens von Aktivitäten hat sie bisher nicht erlebt. Es fehlt ihr auch nicht an Dynamik oder Leistungsfähigkeit.

Das Geheimnis ihrer jugendlichen Ausstrahlung liegt vermutlich in der positiven Einstellung, mit der sie auf Menschen und Aufgaben zugeht. Obwohl sie ein Gegenwartsmensch ist, der intensiv im Hier und Jetzt lebt, bezieht sie eine Vielzahl von Aspekten und Dimensionen mit ein. Wenn es notwendig ist, wird die Vergangenheit genauso als Handlungshilfe benutzt wie die Zukunft. Eine mehr als ungewöhnliche Kombination von Ganzheitlichkeit, die sich sogar auf die Zeit bezieht und vielleicht möglich ist, weil sich Gräfin Sonja schon früh als Teil eines großen Kreislaufs begriffen hat.

Sie ist nach wie vor eine moderne Unternehmerin, die hart arbeitet und in einem wunderschönen Schloss auf einer ebensolchen Insel wohnt. Die Liebe zur Mainau bestimmt ihr Leben und sie zeigt sie so offen und unbekümmert, dass andere Menschen davon angezogen und mitgerissen werden. Dann ist sie froh, denn sie möchte die Arme des Schlosses geöffnet wissen. Überhaupt ist Großzügigkeit eine ihrer wesentlichen Charakterzüge. Sie genießt die schönen Dinge des Lebens, das Essen, das Trinken, aber am liebsten in Gesellschaft. Es macht ihr Freude, andere Menschen an ihrem Glück und an ihrer Lebensbegeisterung teilhaben zu lassen.

Austernessen in Biarritz im November 2003, links Volkmar Leutenegger

Den heute von den Medien diktierten Kampf gegen äußerliche Spuren des Älterwerdens verweigert sie. Zwar sucht sie regelmäßig das Fitness-Studio auf und lässt sich gern im Kosmetik-Institut verwöhnen, aber die Wirkung auf eventuelle Falten kontrolliert sie nicht. „Ich bilde mir nicht ein, dass ich anders veranlagt bin, als alle anderen Frauen", bekennt sie realistisch. „Es passiert einfach irgendwann, dass man Runzeln bekommt. Es würde mir nie einfallen, in meinem Gesicht etwas zu verändern, weil ich finde, da habe ich ein paar Falten zu viel oder da entsteht ein kleines Doppelkinn. Ich habe viele Frauen erlebt, die sahen in hohem Alter phänomenal aus, meine Großmutter beispielsweise. Sie sah natürlich aus wie eine alte Frau, aber sie sah phantastisch aus. Es wäre schade gewesen, da was zu verändern."

Rückblickend war es für sie ein großes Erlebnis, zu beobachten, wie die Philosophie ihres Mannes und die Philosophie ihrer Eltern, durch die sie geprägt wurde, in ihre Partnerschaft, in ihre Familie und letztendlich auch in das Unternehmen Mainau eingeflossen sind. Die beiden Partner bewegten sich immer stärker aufeinander zu und gleichzeitig miteinander nach vorne. Dadurch entstand etwas ganz Eigenes. Es gab keine Probleme, die beiden Philosophien miteinander zu verbinden, denn obwohl die soziale Herkunft kaum unterschiedlicher hätte sein können, lagen doch die Wertsysteme nicht weit auseinander. Rücksichtnahme, Fürsorge, Verantwortung, die Liebe zur Natur und die Liebe zu den Menschen waren ihnen beiden selbstverständlich. Gräfin Sonja sagt: „Ich sehe es als große Aufgabe an, diese Philosophie weiter zu tragen und ich muss sagen, ich bin manchmal unheimlich berührt, wie sehr diese Werte in unsere Kinder übergegangen sind, ohne dass wir das ausdrücklich verbalisiert haben. Wir leben es einfach."

Danksagung

Herzlich bedanken möchte ich mich zuallererst bei der Familie Bernadotte für ihre Kooperation und Unterstützung, ohne die das Projekt nicht zu realisieren gewesen wäre.

Rose Stauß, Maria Regele, Sabine Neufang, Danièle Schott, Christa Kromer, Eva Geiger und Helmut Hofmann haben mir bei den Recherchen geholfen – vielen Dank.

Mein ganz besonderer Dank gilt Margarete Erpelt und Volkmar Leutenegger, die mir in intensiven Gesprächen wertvolle Anregungen gegeben und mich in meiner Arbeit ermutigt haben.

Bei Elisabeth Tworek und Rüdiger Rohrbach bedanke ich mich für die engagierten Diskussionen und bei Irmtraut Albert, Bernt Högsdal, Familie Rademacher-Heinlein, Karin und Alfred Gulden für Ausflüge, Unternehmungen und Unterhaltungen rund um den Bodensee.

Ein großes Dankeschön möchte ich Franz Klug aussprechen für den permanenten inspirierenden Gedankenaustausch, der das Projekt begleitet und bereichert hat.

Literaturempfehlungen

Lennart Graf Bernadotte: Gute Nacht, kleiner Prinz, München 1986.

Lennart Bernadotte: Ein Leben für die Mainau, Konstanz 1996.

Roger Orlik: Lennart Bernadotte – „Der König vom Bodensee", Albstadt 2002.

Bildnachweis

Archiv Mainau GmbH: S. 12, 15, 20, 22, 23, 27, 29, 32, 36, 41,45, 47, 50, 60, 73, 80, 94, 97, 105, 115, 127, 130, 134, 143,148, 162, 180, 181, 188, 190, 197, 201, 202, 205, 206, 208, 217
Clas Göran Carlsson: S. 46
Siegfried Lauterwasser: S. 70, 124
Arne Alfred Son: S. 74, 79
Hella Wolff-Seybold: S. 90
Seeger-Press: S. 98
Rüdiger Schall: S. 8, 109, 166, 170, 178, 183, 184, 185, 193, 209
Peter Bischoff: S. 169
Gunna Wendt: S. 219

Als „Fackelträgerin des Rechtsstaats" gelobt wie als Hexenjägerin" beschimpft

Für die einen war sie „das größte Sicherheitsrisiko" der Hauptstadt, für die anderen die „Fackelträgerin des Rechtsstaats". Unter heftigen Turbulenzen schaffte sie es als erste Frau 1994 auf den Präsidentenstuhl des Bundesverfassungsgerichts. Mit Glaubwürdigkeit, Kompetenz und Charme verhalf Jutta Limbach den Roten Roben zu ungeahnter Popularität. Jetzt präsentiert sie als Präsidentin des Goethe-Instituts deutsche Kultur in aller Welt.